Bernardin Schellenberger

Aufstieg in die Weite

Bernardin Schellenberger

Aufstieg in die Weite

Stufen des Glaubens

Herder

Freiburg · Basel · Wien

Inhalt

Vorwort

Sein Aufstieg dauerte lang. Aber am Ende war er
weder verdrossen noch erschöpft. In seinem Herzen
fand sich keine Bitterkeit, in seiner Erinnerung hatten die erfahrenen Mühsale kein Gewicht mehr. Einmal hat er über das Ende der Geschichte geschrieben: daß da nicht Bilanzen gezogen und Bücher
abgeschlossen werden, sondern daß wir da endlich
anfangen, daß wir da endgültig geboren werden. Tatsächlich verlief sein Leben in dieser Weise. Jede seiner Niederlagen stellte sich als Ausgangspunkt für
Neues heraus, jeder Rückschlag wurde zu einem ersten Schritt; bei jedem der vielen kleinen Tode lernte
er die Anfangssilben für einen neuen Satz.

Der Lebensweg des Menschen beschreibt immer
einen Kreis. Das Universum erstreckt sich nicht ge-
radeaus ins Unendliche, sondern biegt sich auf sich
selbst zurück. Der Planet, auf dem wir leben, hat Ku-
gelform, so daß alle unsere Fahrten in die Fremde bereits Fahrten nach Hause sind. Im Grunde führt kein
Weg endlos fort. Niemand geht für immer verloren.
Alle kehren lediglich auf unterschiedlichen Wegen
heim."

Diese Sätze hat Anthony Padovano über den ame-
rikanischen Trappisten Thomas Merton geschrieben.
Sie bringen treffend ins Wort, um was es in vorlie-

gendem Buch gehen soll: um den inneren Weg, um den geistlichen Aufstieg des Menschen, der im Grunde der einzig interessante und lohnende ist, denn unsere äußeren Errungenschaften müssen wir früher oder später hinter uns lassen. Alle Seelsorge und Verkündigung sollte den Menschen diesen Weg und Aufstieg erschließen.

Von Anfang an sind im Christentum Anleitungen für den geistlichen Weg entworfen, Regeln für das Fortschreiten und Reiferwerden im Glauben entwikkelt worden. Aber sie alle sind für eine Art „abstrakten Menschen" verfaßt, das heißt: sie setzen – übrigens genau wie die Katechismen und Dogmatikbücher – als Leser oder Hörer einen Menschen voraus, bei dem Alter, Geschlecht, Herkunft, Kultur, Umwelt, Lebensbedingungen usw. keine Rolle spielen. Erst neuerdings sind wir uns dessen bewußt geworden, daß die menschliche Psyche im Laufe des Lebens starke Wandlungen erfährt, und daß folglich auch die Glaubenswahrheiten in den verschiedenen Lebensaltern sehr unterschiedlich erfaßt werden. Folglich müssen Sprache und Inhalt der jeweiligen „Wellenlänge" entsprechen, um fruchtbar empfangen und ins Leben umgesetzt werden zu können. Das kann in manchen Fällen so weit gehen, daß ein und dieselbe satzhafte Aussage (und auch ein und dieselbe Lebensweise, ein und derselbe „Stand") auf einer Alters- und Entwicklungsstufe „richtig", auf einer anderen aber „falsch" und schädigend sein kann. Ein Teil unserer dogmatischen und moralischen Streitereien rührt vermutlich daher, daß wir diese biographisch und entwicklungsmäßig bedingten Unterschiede verkennen und jeder den andern auf seinen Verstehenshorizont nötigen möchte, den er für den „objektiv" einzig richtigen hält.

Gerade in den letzten Jahren erscheinen zahlreiche Arbeiten, die die innere Beziehung zwischen den Lebensphasen des Menschen und seiner religiösen Entwicklung untersuchen und darstellen. Ich selbst wurde darauf aufmerksam im Frühjahr 1990, als ich bei einer Tagung mit Religionslehrern ein eindrucksvolles Referat von Dr. Lothar Kuld zu dieser Thematik hörte. Sie faszinierte mich, und ich besorgte mir weitere Literatur darüber. Diese Literatur ist allerdings durchwegs derart wissenschaftlich gehalten, daß sie dem „durchschnittlichen" Gläubigen, der sie am dringendsten brauchen würde, unzugänglich bleibt. So stellte ich mir die Aufgabe, die heutigen Erkenntnisse für meine Winzinger Gemeinde in eine allgemeinverständliche Sprache umzusetzen. Vom Ostermontag bis Ende August 1990 hielt ich eine Predigtreihe zum Thema „Die Stufen des Glaubensbewußtseins". Sie erfuhr lebhaftes Interesse, die Nachschriften der Predigten waren sehr gefragt und wurden sehr weit herumgereicht. Das Freiburger Institut für Religionspädagogik meldete sogar sein Interesse an, sie als Sonderheft seiner Reihe „Unterrichtsmodelle + Informationen" möglichst vielen Religionslehrern in die Hand zu geben.

Diese unerwartet große Nachfrage ermutigte mich schließlich, die Predigtreihe als Buch herauszugeben. Das Ergebnis ist der vorliegende Band, für den ich die Texte leicht überarbeitet und mit zwei weiteren Predigten abgerundet habe.

Mit dem Verleger war ich einig, daß wir um der Lebendigkeit der Vermittlung willen die ursprüngliche Form – Predigten im Anschluß an bestimmte Sonntagsevangelien in einer konkreten Gemeinde – beibehielten.

Predigten – zumal, wenn man sie nicht von vornherein für eine Veröffentlichung vorsieht – sind allerdings keine wissenschaftlichen Arbeiten, und man belegt nicht präzise jedes Zitat und jede gute Formulierung, die man gerade irgendwo gefunden und sich dankbar zu eigen gemacht hat.

Die Literatur, die ich hauptsächlich für diese Predigtreihe verwendet habe, findet der Leser am Schluß dieses Buches angegeben. Aber aus dem Abstand von anderthalb Jahren sehe ich mich außerstande, auch nur genau herauszufinden, was ich zitiert und was ich selbst formuliert habe, geschweige alle Zitate zu belegen. So schmücke ich mich hier mit mancher fremder Feder, hoffe aber dennoch, genug Eigenes dazugetan zu haben, das dieses Buch zu „meinem" Buch macht. Aber es geht ja gar nicht um „mein" oder „dein", sondern um *unseren* Weg im Glauben, um *unseren* Aufstieg in die Weite, bei der wir einander die Hand reichen und möglichst viel miteinander teilen wollen.

Ich widme dieses Buch meinem Freund, dem Schuldekan i. K. Anton König in Donzdorf, der mich Tagungsmuffel zu besagter Tagung mitgenommen, mit Literatur versorgt und immer wieder zur Arbeit inspiriert und angespornt hat.

Täscherhof, Frühjahr 1992   *Bernardin Schellenberger*

EINLEITUNG:

Die Wanderkarte des Glaubens

Am gleichen Tag waren zwei von den Jüngern auf dem Weg in ein Dorf namens Emmaus, das sechzig Stadien von Jerusalem entfernt ist. Sie sprachen miteinander über all das, was sich ereignet hatte. Während sie redeten und ihre Gedanken austauschten, kam Jesus hinzu und ging mit ihnen. Doch sie waren wie mit Blindheit geschlagen, so daß sie ihn nicht erkannten. Er fragte sie: Was sind das für Dinge, über die ihr auf eurem Weg miteinander redet? Da blieben sie traurig stehen, und der eine von ihnen — er hieß Kleopas — antwortete ihm: Bist du so fremd in Jerusalem, daß du als einziger nicht weißt, was in diesen Tagen dort geschehen ist? Er fragte sie: Was denn? Sie antworteten ihm: Das mit Jesus aus Nazaret. Er war ein Prophet, mächtig in Wort und Tat vor Gott und dem ganzen Volk. Doch unsere Hohenpriester und Führer haben ihn zum Tod verurteilen und ans Kreuz schlagen lassen. Wir aber hatten gehofft, daß er der sei, der Israel erlösen werde. Und dazu ist heute schon der dritte Tag, seitdem das alles geschehen ist. Aber nicht nur das: Auch einige Frauen aus unserem Kreis haben uns in große Aufregung versetzt. Sie waren in der Frühe beim Grab, fanden aber seinen Leichnam nicht. Als sie zurückkamen, erzählten sie, es seien ihnen Engel erschienen und hätten gesagt, er lebe. Einige von uns gingen dann zum Grab und fanden alles so, wie die Frauen gesagt hatten; ihn selbst aber fanden sie nicht.

Da sagte er zu ihnen: Begreift ihr denn nicht? Wie schwer

fällt es euch, alles zu glauben, was die Propheten gesagt ha-
ben. Mußte nicht der Messias all das erleiden, um so in
seine Herrlichkeit zu gelangen? Und er legte ihnen dar, aus-
gehend von Mose und allen Propheten, was in der gesamten
Schrift über ihn geschrieben steht. So erreichten sie das Dorf,
zu dem sie unterwegs waren. Jesus tat, als wolle er weiterge-
hen, aber sie drängten ihn und sagten: Bleib doch bei uns;
denn es wird bald Abend, und der Tag hat sich schon ge-
neigt. Da ging er mit hinein, um bei ihnen zu bleiben. Und
als er mit ihnen bei Tisch war, nahm er das Brot, sprach den
Lobpreis, brach das Brot und gab es ihnen. Da gingen ihnen
die Augen auf, und sie erkannten ihn; dann sahen sie ihn
nicht mehr. Und sie sagten zueinander: Brannte uns nicht
das Herz in der Brust, als er unterwegs mit uns redete und
uns den Sinn der Schrift erschloß? Noch in derselben Stunde
brachen sie auf und kehrten nach Jerusalem zurück, und sie
fanden die Elf und die anderen Jünger versammelt. Diese
sagten: Der Herr ist wirklich auferstanden und dem Simon
erschienen. Da erzählten auch sie, was sie unterwegs erlebt
und wie sie ihn erkannt hatten, als er das Brot brach.

Lukasevangelium 24, 13–25

Diese Geschichte der beiden Jünger, die traurig und mutlos nach Emmaus wandern; die unterwegs einen Unbekannten treffen; die auf dem Weg im Gespräch mit ihm vieles lernen und einsehen und denen schließlich am Ende des Weges überraschend die Augen aufgehen dafür, daß der, den sie schmerzlich verloren hatten, schon immer bei ihnen gewesen war – diese Geschichte kommt mir vor wie ein Gleichnis unseres ganzen Lebens mit Gott.

Wie die zwei Jünger verlieren wir eines Tages unseren „Kinderglauben" und fallen heraus aus einer ganz selbstverständlichen Geborgenheit in Gott und aus der Überzeugung, daß es ihn gebe und daß er bei uns da sei.

Wie die zwei Jünger machen wir uns ohne ihn auf den Weg, um unsere Hoffnung auf andere Orte zu setzen und dort das Glück zu suchen, in Emmaus oder wo auch immer.

Wenn es gut geht, finden wir Weggefährten, mit denen wir über unseren verlorenen Glauben und unsere neuen Überzeugungen sprechen, und über die Frage, an was wir uns denn verläßlich halten können. Wenn es ganz gut geht, finden wir jemanden, der uns einen neuen Zugang zum Glauben erschließt; der uns die Augen öffnet, damit wir begreifen, daß unser Kinderglaube zusammenbrechen *mußte*, weil er uns gehindert hätte, in einen tieferen Glauben hineinzuwachsen und zu reifen und eine neue Lebensweisheit und staunenswert neue Horizonte zu entdecken.

„Wenn es gut geht", habe ich gesagt.

Soweit ich beobachten kann, geht es oft *nicht* gut; geht es nicht gut mit dem Glauben sehr vieler Menschen, sondern dieser Glaube kommt bereits im zweiten Lebensjahrzehnt abhanden, oder er bleibt stecken, bleibt unentwickelt und unreif.

Ich muß genauer sein. Ich muß genauer erklären, was ich unter „Glaube" in diesem Zusammenhang verstehe.

Nicht verstehe ich darunter das Fürwahrhalten der Glaubenssätze, die die Kirche vorlegt – also alles, was im Apostolischen Glaubensbekenntnis, in einem Katechismus oder in einer Dogmatik steht. Das zu bejahen, ist Sache des Verstandes. Darum geht es uns im Folgenden nicht.

Auch verstehe ich darunter *nicht* den tatsächlich *gelebten* Glauben – also das, was ein Mensch *praktisch*, und vielleicht ohne jemals viel darüber nachzudenken oder sich dessen bewußt zu sein, an christlichen Werten lebt: wie er sich hingibt an andere, wie er die Liebe übt, wie er sich einsetzt für das Allgemeinwohl, wie er in Hoffnung und Tapferkeit sein Leben meistert, wie er sich verantwortlich weiß gegenüber Gott und seinem Gewissen. Ich bin der Überzeugung, *praktisch* leben viele Menschen durchaus das, um was es in unserem christlichen Glauben geht und was im Letzten zählt.

Manche sind sich dessen selber aber gar nicht bewußt oder bekennen sich gar nicht als Christen. Das gibt uns Hoffnung für viele unserer sogenannten „ungläubigen" Verwandten und Bekannten, um die wir uns sorgen und von denen wir traurig denken: „Wie schade, daß ich meinen Glauben nicht mit ihnen teilen kann!"

Wieviel Glauben ein Mensch im Tiefsten hat und ob und wie er mit Gott verbunden ist, das kann niemand sagen. Da sind Gottes Maßstäbe anders als die unseren.

Wir wissen lediglich: am Ende unseres Lebens wird die *gelebte Liebe* zählen.

Diese Art Glauben meine ich im Folgenden auch nicht. Ich will vielmehr vom *Glaubensbewußtsein* sprechen – also von der Art und Weise, wie der einzelne

Mensch seinen Glauben erfährt und spürt und was er über ihn denkt.

Das Glaubensbewußtsein beeinflußt und prägt nachhaltig die Glaubenspraxis. Das Ideal wäre, bewußt einen reifen, verantwortlichen Glauben zu haben; also nicht bloß spontan ein einigermaßen freundlicher, hilfsbereiter Zeitgenosse zu sein, sondern auch zu wissen, woher unsere besten Antriebe stammen; bewußt Kontakt zu haben mit der Quelle, die unser Leben speist; zur sinnvollen Lebenspraxis hinzu also auch noch ein erleuchteter, klarsichtiger Mensch zu sein, der weiß, was er tut und warum er es tut, und der sich ausdrücklich dem Geber aller guten Gaben verdankt und zu ihm eine persönliche Beziehung hat.

Dieses Glaubensbewußtsein des Menschen kennt Stufen der Entwicklung, genau wie unser Selbstbewußtsein Stufen der Entwicklung kennt.

In jedem Menschenwesen ist die Fähigkeit angelegt, Schritt für Schritt die Welt zu entdecken, mit ihr umzugehen, an ihr zu wachsen und zu reifen. Dafür gibt es bestimmte immer wiederkehrende Gesetzmäßigkeiten.

Auch für die Entwicklung unseres Glaubensbewußtseins gibt es bestimmte Gesetzmäßigkeiten. In uns gibt es sozusagen die erbliche Anlage und Fähigkeit, Freunde und Partner Gottes zu werden.

An Ostern feiern wir Jahr um Jahr, daß wir als Getaufte zu Christus gehören und Anteil an seinem unvergänglichen Leben haben. Genauer genommen ist die Taufe der Einstieg in den Stufenweg einer Glaubensentwicklung, ist die Taufe der Einstieg in die

Entwicklung unserer Fähigkeit, Gott immer besser zu erkennen und im Glauben immer erwachsener und erleuchteter zu werden.

Aber leider kommt diese Entwicklung allzuoft schon nach den ersten Stufen zum Stillstand. Sie kennt Umbrüche und Krisen und gefährliche Stellen, an denen es viele Menschen aus der Bahn wirft. Deshalb dachte ich mir, es wäre für uns alle interessant und wichtig, uns einmal sozusagen die „Idealgestalt" des möglichen Weges anzusehen.

Oder, von Ostern her, ich möchte beschreiben, welchen Weg die Stufen der „Auferweckung" und Entfaltung eines wirklich glaubenden, geistlichen Menschen nehmen.

Die folgenden Gedanken sind eine Einleitung und ein kurzer Überblick über unsere ganze Reihe von Betrachtungen über die Entwicklungsstufen unseres Glaubensbewußtseins. Grob umrissen wird uns dieser Weg über 7 Stufen führen:

1. *Der Glaube im Kleinkindalter.* Wie geben Eltern und Verwandte einem Ein-, Zweijährigen den Glauben oder Unglauben weiter? Sie tun das meist, ohne es recht zu merken. Es ist interessant, das einmal bewußt zu machen. Und vielleicht noch interessanter ist es, sich zu fragen: Was für eine Art Glauben habe *ich* in die Wiege gelegt bekommen? Denn davon, ob uns ein Grundvertrauen oder Grundmißtrauen ins Leben vermittelt worden ist, sind wir ein Leben lang geprägt.

2. *Der Glaube im Vorschulalter.* In dieser Zeit müssen einem Kind verläßliche Rituale und Grenzen

vermittelt werden, damit es seinen Stand in der Welt, in der Gemeinschaft und auch im Glauben finden kann. Wo das nicht stattfindet, ist womöglich alles weitere auf Sand gebaut.

3. *Der Glaube in der mittleren Kindheit.* Da glauben Kinder alles buchstäblich, was in der Bibel steht, und auf dieser Seite ist das richtig. „Kinder brauchen Märchen", heißt ein epochemachendes Buch des unlängst verstorbenen, berühmten Kinderpsychologen Bruno Bettelheim.

Das ist zugleich eine der gefährlichsten Klippen. Denn viele Erwachsene bleiben schon hier hängen: Sie halten entweder zäh ein Leben lang an dieser Buchstäblichkeit fest (wie es auch viele sogenannte „Fundamentalisten", Sektenangehörige und Freikirchliche tun), oder sie werfen den ganzen Glauben als Kindermärchen weg, weil alle diese biblischen Geschichten – so meinen sie – doch nicht wahr sein können. In Wirklichkeit bleiben sie selber geistig und seelisch Kinder und entwickeln keinen Sinn für eine neue Dimension von „Wahrheit", die in allen diesen Geschichten der Entdeckung harrt. Theologen sprechen in diesem Zusammenhang vom „Atheismus der Elfjährigen". Das bedeutet: wenn ein Kind entdeckt, daß die Welt gar nicht so einfach und gerecht konstruiert ist, wie es die Bibel zu schildern scheint, kommt sein Glaube an einen Gott, der die Guten belohnt und die Bösen bestraft, in eine radikale Krise, und es verliert womöglich alle Freude und alles Interesse daran. Viele Menschen setzen sich schon hier von der weiteren Wanderung in Richtung eines reiferen Glaubens ab. Das alles werden wir ausführlich besprechen müssen. Doch fahren wir jetzt mit unserem Überblick fort.

Da gibt es, wo der Glaube weiterwächst,

4. *den Glauben in der Jugend*, der sehr persönliche Züge annehmen kann und vom Gefühl begleitet ist, Gott sei immer und überall mit einem, und der einzelne sei intensiv mit Gott verbunden. Der Glaube scheint da etwas ganz Selbstverständliches zu sein, ein Element, in dem man sich tummelt wie der Fisch im Wasser.

Aber unversehens kommt

5. *im jungen Erwachsenenalter* eine Ernüchterung: die Gefühle bleiben zunehmend aus, und immer mehr stellt man selber kritisch alles Seitherige in Frage: ob nicht alles bloß Gefühl und Einbildung gewesen sei. Da findet in der persönlichen Lebensgeschichte das statt, was man in der europäischen Geistesgeschichte als „Aufklärung" bezeichnet: vor dem Forum des Verstandes wird das kirchlich vermittelte Glaubens- und Wertsystem kritisch hinterfragt, und nichts mehr ist selbstverständlich. Es ist die Zeit der Diskussionen und sozialen Aktionen. Die jungen Erwachsenen suchen ihren ganz eigenen Stand und ihr Engagement in der Welt.

Wo nicht eingesehen wird, daß dies eine *notwendige* und wichtige Entwicklungsphase ist, kann das wiederum eine gefährliche Klippe werden, wo der Betreffende meint, um der Redlichkeit willen abhängen zu müssen vom ausdrücklichen Glaubensweg.

Wo es gut geht, gelangt man

6. *im mittleren Erwachsenenalter* auf die Bewußtseinsstufe, auf der man ein Verhältnis zu dem

Paradox findet, daß Gott immer zugleich offenbar und verhüllt, zugänglich und unbegreiflich bleibt, und daß das Leben und die Wahrheit komplexer sind, als man dachte. Man sieht ein, daß man an die Wahrheit aus verschiedenen Richtungen und Blickwinkeln herangehen muß und daß keiner sie ganz für sich gepachtet hat. Man findet zu einer sogenannten „zweiten Naivität" und entdeckt zunehmend die tiefere Wahrheit, die in allen Symbolen und Geschichten – auch in biblischen Geschichten – verborgen ist, und man entwickelt ein Bedürfnis, sie für sich zu entdecken. Man möchte nicht mehr bloß seinen Verstand betätigen und diskutieren, sondern man möchte echte *Erfahrungen* machen. Damit erwacht auch ein neuer Sinn für Stille und Intimität.

Schließlich könnte man zu einer letzten Stufe finden, in der man sich

7. *im mittleren und späteren Erwachsenenalter* sozusagen „in Gott gegründet" findet und in Gelassenheit und Weisheit und mit einem sehr weiten, liebenden Herzen, sozusagen mit den Augen Gottes die Welt und die Menschen betrachtet.

Dies soll als erster Überblick genügen. Wir werden diesen geistigen Weg miteinander abschreiten und unsere Entdeckungen machen. Wenn es dem Leser zur Anregung und Hilfe gereichen würde, hätten wir den schönsten Sinn jeder Osterzeit und jedes Gottesdienstes erfüllt: daß wir miteinander geistlich auferstehen und uns auf den Weg des Aufstiegs machen, in die immer größere Weite und Freiheit Gottes hinein.

Der Glaube im Kleinkindalter

Der Anfang verheißt das Ziel

Am Abend dieses ersten Tages der Woche, als die Jünger aus Furcht die Türen verschlossen hatten, kam Jesus, trat in ihre Mitte und sagte zu ihnen: Friede sei mit euch! Nach diesen Worten zeigte er ihnen seine Hände und seine Seite. Da freuten sich die Jünger, daß sie den Herrn sahen. Jesus sagte noch einmal zu ihnen: Friede sei mit euch! Wie mich der Vater gesandt hat, so sende ich euch. Nachdem er das gesagt hatte, hauchte er sie an und sprach zu ihnen: Empfanget den Heiligen Geist! Wem ihr die Sünden vergebt, dem sind sie vergeben; wem ihr die Vergebung verweigert, dem ist sie verweigert.

Thomas, genannt Didymus (Zwilling), einer der Zwölf, war nicht bei ihnen, als Jesus kam. Die anderen Jünger sagten zu ihm: Wir haben den Herrn gesehen. Er entgegnete ihnen: Wenn ich nicht die Male der Nägel an seinen Händen sehe und wenn ich meinen Finger nicht in die Male der Nägel und meine Hand nicht in seine Seite lege, glaube ich nicht. Acht Tage darauf waren seine Jünger wieder versammelt, und Thomas war dabei. Die Türen waren verschlossen. Da kam Jesus, trat in ihre Mitte und sagte: Friede sei mit euch! Dann sagte er zu Thomas: Streck deinen Finger aus – hier sind meine Hände! Streck deine Hand aus und leg sie in meine Seite, und sei nicht ungläubig, sondern gläubig! Thomas antwortete ihm: Mein Herr und mein Gott! Jesus sagte

zu ihm: Weil du mich gesehen hast, glaubst du. Selig sind,
die nicht sehen und doch glauben.

Noch viele andere Zeichen, die in diesem Buch nicht auf-
geschrieben sind, hat Jesus vor den Augen seiner Jünger ge-
tan. Diese aber sind aufgeschrieben, damit ihr glaubt, daß
Jesus der Messias ist, der Sohn Gottes, und damit ihr durch
den Glauben das Leben habt in seinem Namen.

Johannesevangelium 20, 19–31

Wer von uns sehnt sich nicht nach Leben, nach
wirklichem, erfülltem, vollem *Leben?* Fast alles, was
Menschen tun, ist Ausdruck ihres Hungers nach
einem sinnvollen, lebenswerten Leben. Sehr oft tun
Menschen sehr törichte, sehr unzureichende und
schädliche Dinge auf ihrer verzweifelten, blinden
Suche nach Leben und enden darum immer wieder
in der Enttäuschung. Im Johannes-Evangelium
20, 19–31 lesen wir, daß wir an Jesus, den Sohn Gottes, glauben sollen, „damit wir durch den Glauben
das *Leben* haben in seinem Namen".

Als Merkmale dieses wirklichen Lebens, das der
Glaube an Jesus Christus vermitteln soll, werden in
unserem Text genannt:
– der Friede und
– die Vergebung der Sünden.

Die allgemein verbreitete Fried- und Rastlosigkeit
zeigt, wie weit entfernt wir vom wirklichen, erlösten
Leben sind und wie falsch es ist, die ersehnte Lebensqualität in Richtung immer neuer, aufregender
Aktivitäten zu suchen; das gerät mehr zur Flucht vor
dem Leben als zu einer Suche nach dem Leben.

Und die Vergebung der Sünden? Wenn man einzelne Menschen näher kennenlernt, entdeckt man bald, daß hinter der scheinbar vielleicht recht glücklichen Fassade fast jeder irgendeine Belastung, irgendeinen Komplex, irgendeine Unfreiheit mit sich herumträgt – etwas Unaufgearbeitetes, Unbewältigtes, Unversöhntes; irgendeinen Zwang, eine Sucht, eine Schädigung, eine Enttäuschung, die ihm ein Stachel im Wesen ist und ihm das Leben schwer macht. Das wirkt herein in die Gegenwart und verfälscht, vergiftet, belastet Beziehungen und Verhaltensweisen. Davon ganz frei werden und ein ganz geheilter Mensch zu sein, hieße, die „Vergebung der Sünden" voll erfahren zu haben.

Der Apostel Thomas möchte glauben und das Leben finden, indem er *sieht* und leibhaftig *berührt*.

Jesus erwidert darauf: „Selig sind, die nicht sehen und doch glauben."

Trotzdem sind wir im Glauben unterwegs zum *Sehen* und zum leibhaftigen *Berühren* und Einswerden, und Jesus gewährt dem Thomas dieses Sehen und Berühren als Vorgeschmack zukünftigen Einswerdens.

Das ist ein guter Einstieg in das Thema, das uns jetzt beschäftigen wird.

In einer Reihe von Betrachtungen werden wir der Frage nachgehen, wie sich im Laufe unseres Lebens im Idealfall unser Glaubensbewußtsein entwickeln kann. In der vorliegenden Betrachtung geht es um das Thema: Wie kann der Glaube in Kleinkindern ungefähr bis zum zweiten Lebensjahr grundgelegt werden? Fangen wir also an mit dem Apostel Thomas, der nur glauben will und kann, wenn er tasten, mit Händen greifen, leibhaftig spüren darf. Leibhaftig fängt unser Glaube an, leibhaftig muß er anfangen.

– Was verstehe ich hier unter Glauben?

Ich verstehe darunter das Lebensgefühl, das mich erfüllt, die Lebensenergie, die mich trägt, den Mut, der mich befähigt, mein Leben anzupacken und tapfer zu bestehen.

Ich verstehe darunter den Optimismus, der mir hilft, dem Leben zu trauen und trotz aller Enttäuschungen jeden Tag neu anzufangen.

Ich verstehe darunter die Hoffnung, daß mein Leben nicht absurd und ziellos ist, sondern daß es für meine tiefsten Sehnsüchte eine Erfüllung und ein Ausruhen gibt.

Leibhaftig fängt unser Glaube an – im Leib unserer Mutter. Dort kann jedes Menschenwesen – unbewußt noch, aber umso tiefer und abgründiger – körperlich, mit Leib und Seele, Einheit, Wärme und Geborgenheit erfahren – also jenen Zustand des Friedens und der Freiheit von Sünden, der, wie wir in Joh 20,19–31 lesen können, das wahre, erlöste Leben ausmacht.

Sobald wir bei der Geburt aus dieser Harmonie herausgestoßen werden, machen wir uns ein Leben lang auf den Weg, sie wiederzufinden. Der Neuplatonismus und ihm verwandte Lehren meinen, die Ursünde der Schöpfung bestehe darin, daß das Weltall und die Lebewesen aus der Ur-Einheit mit dem Schöpfer herausgefallen seien in einen eigenwilligen Selbst-stand, in eine Trennung von Gott. Selber-sein bedeute immer Trennung, beinhalte unvermeidlich den Fluch, im Letzten einsam und isoliert zu sein. Da-sein an sich trage deshalb unentrinnbar den Charakter und die Folgen der Sünde.

Unser christlicher Glaube sieht das anders. In der Bibel steht, die Schöpfung sei nicht durch einen Sündenfall aus Gott herausgefallen wie erstarrte Lava aus dem Schmelztiegel eines Vulkans, sondern die Schöpfung verdanke ihr Dasein dem Willen Gottes. Gott habe uns ausdrücklich gewollt und seine Schöpfung und das Dasein der Menschen als sehr gut bezeichnet.

Trotzdem kommt in der neuplatonischen Auffassung eine Ur-Erfahrung des Menschen zum Ausdruck: Selber-sein und folglich in irgendeiner Weise allein und einsam sein ist schmerzlich und mühsam. Geborenwerden macht Angst. Das Herausgestoßenwerden aus dem bergenden Schoß der Mutter ist ein traumatisches Erlebnis. Das Kind wird aus dem warmen Schoß in eine kalte Welt geworfen. Und es gibt keinen Weg zurück.

Die Sucht, mit der viele Menschen beieinander körperliches Verschmelzen und Einssein suchen, hat etwas Infantiles und Verzweifeltes an sich – die Verzweiflung von Motten, die sich ins Licht stürzen, mit angesengten Flügeln zu Boden fallen, sich wieder aufrappeln und den nächsten Anflug unternehmen, immer wieder, taumelnd und wie von Sinnen.

In Wirklichkeit kann der Weg nur vorwärts gehen, in Richtung auf ein qualitativ *neues* Einswerden. Nicht zurück zu einem biologischen, körperlichen Verschmolzensein, in dem Geist und Bewußtsein, diese scheinbar spaltenden Instanzen, betäubt werden im Rausch vorübergehender Gefühle. Nein, vorwärts muß der Weg gehen über die körperliche Loslösung, über das allumfassende Ja zum Geburtsvorgang: „Selig, die nicht sehen und berühren, und doch glauben!"

Der Geist, die Seele, das Herz, das Ich – oder welchen Namen auch immer wir dieser spezifisch menschlichen Bewußtseinsweise geben wollen – muß sich entfalten, auf den anderen zugehen, Harmonie entdecken und Gleichklang finden. Dann – und nur dann – wird auch das körperliche Einswerden die Besiegelung und das selige Freudenfest eines wahren, allumfassenden, neuen Einsseins. Dann kehrt man nicht zurück in den Mutterschoß, sondern findet die damals erlebte Geborgenheit und Einheit wieder auf einer völlig neuen, aber wieder Leib und Seele umfassenden Ebene.

Ich habe das etwas ausführlicher beschrieben, um etwas Merkwürdiges deutlich zu machen: Anfang und Ziel des Menschen sind am engsten miteinander verwandt.

Genau genommen beschreibt unsere gesamte Lebenswanderung eine kreisförmige Bahn, und wir kehren als Andere und doch Gleiche dorthin zurück, von wo wir ausgegangen sind: wir suchen die am Anfang unbewußt erfahrene Einheit, um sie – im Idealfall – in der Helle und Klarheit des Bewußtseins einer voll entfalteten Seele wiederzufinden. Die biologische Einheit von Mutter und Kind während der Schwangerschaft wäre also sozusagen die Vor-Form der mystischen Einheit von Gott, All und Mensch und damit die Ur-Form von Glauben. Manche Theologen gehen so weit zu behaupten, alles Wesentliche für den Glauben eines Menschen, für seine Einstellung zum Leben und für seine Vitalität werde in der Zeit der Schwangerschaft und der ersten zwei, drei Lebensjahre grundgelegt und sei dann nicht mehr entscheidend zu ändern.

Das mag manchen überraschen, denn gewöhnlich neigen wir zu der Annahme, den Glauben könne man einem Kind ja schließlich erst vermitteln, wenn es zuhören und sich Geschichten vom lieben Gott erzählen lassen und Gebete vorsprechen lassen könne. Das kommt vom Mißverständnis, unser Glaube sei wesentlich eine Sache des Redens und des Wissens, eine Frage der Geschichten und der Theorien über Gott und die Welt – also etwas, was im Kopf und im Verstand beheimatet sei. In Wirklichkeit steckt der Glaube im Herzen und im tiefsten Lebensgefühl, und wenn er da nicht steckt, dann ist er nirgends. Das wird besonders deutlich im Umgang mit Kleinkindern, denen man noch nichts von Liebe und allen anderen hehren Idealen vorschwätzen und vormachen kann, weil auf sie nur *die* Liebe wirkt, die man ihnen tatsächlich schenkt.

Bei uns Erwachsenen ist das im Grunde nicht anders: alles, was man uns vorschwätzt und vormacht, hilft uns keinen Deut – selbst in der Kirche nicht –, sondern nur das, was man uns wirklich gibt und vom Herzen her erschließt, geht in unser Wesen ein und beschenkt und stärkt uns.

Seine erste Prägung erfährt also der Glaube eines Menschen bereits in der Schwangerschaft. Schon der

Fötus spürt unbewußt, aber wirklich auf seine ganz eigene Art die Wünsche und Phantasien seiner Eltern. Wollen mich meine Eltern? Freuen sie sich über mich? Oder komme ich ungelegen? Bin ich durch einen „biologischen Unfall" verursacht? Hat meine Mutter Beklemmung und Ängste wegen meines Daseins?

Das Kind spürt, ob es willkommen ist. Die entscheidenden Linien des Bildes, das das Kind sich von den Eltern, von sich selbst und von Gott macht, zeichnen die Eltern mit den Tiefen und Untiefen ihres eigenen Verhältnisses zum Leben und zu Gott.

In die allerersten Anfänge einer positiven Lebenserfahrung des Neugeborenen gehört wahrscheinlich der Augenkontakt mit dem mütterlichen Gesicht. Die Augen der Mutter sind der erste Spiegel, in dem sich das Kind spiegeln und sich damit in einer ersten Form von Selbst-Wahrnehmung als es selbst sehen kann. Das Kind sieht in dem Gesicht der Mutter, wie die Mutter es sieht, und so sieht es sich selbst: als geliebtes Kind, das immer wieder mit Lächeln überschüttet wird, damit es selbst lächle. So kann ein Kreislauf der Freude und der Lebenszuversicht beginnen.

Oder aber das Kind erfährt sich als weniger geliebtes, vielleicht sogar als lästig empfundenes Wesen.

Kinder lassen sich – anders als wir Erwachsene – gefühlsmäßig nicht täuschen. Unbewußte Eindrücke können Erinnerungsspuren lebenslang bewahren. Sie sind entscheidend dafür, wie ein Mensch sich später das Gesicht Gottes vorstellt, das Gesicht, von dem im sogenannten Aaronsegen im Alten Testament die Rede ist:

„Der Herr lasse sein Angesicht leuchten über dir und sei dir gnädig; der Herr hebe sein Angesicht über dich und gebe dir Frieden" (Num 6,24–25). Es liegt an Mutter und Vater, ob sie mit ihrem Gesicht das Angesicht Gottes über ihrem Kind schon von Geburt an leuchten lassen.

Glücklich das Kind, dessen Leben in Geborgenheit anfangen darf!

Nicht in einer Geborgenheit, die es sich erst verdienen muß – durch Bravsein und Wohlverhalten und Leistung –, sondern die ihm gratis geschenkt wird, bedingungslos. Das wäre die Urerfahrung dessen, was wir später äußerst mühsam auf einer anderen, neuen Ebene wieder lernen müssen – und warum tun wir uns so ungeheuer schwer damit? –: nämlich, daß wir geliebt und angenommen sind noch vor aller Leistung; daß wir unsere Daseinsberechtigung nicht verdienen müssen, daß wir unseren Wert nicht unablässig bestätigen müssen durch Gutsein und Aktivität oder Besitz und Prestige und Karriere. Das aber ist der Kern unseres Glaubens, der Kern des Evangeliums. Glücklich das Kind, das sich in einer liebevollen Beziehung vorfindet, in „Heimat", in der es sich als wertvoll geschätzt fühlt, als kostbar für andere, als bejaht und wichtig!

Sein Verlangen nach einer solchen Beziehung erfährt es zunächst als ein befriedigtes Verlangen und weiß deshalb nichts davon.

Ich beschreibe hier nicht verklärend die Kindheit,

sondern spreche von einer unentbehrlichen, lebensnotwendigen Ausgangserfahrung. Ohne das erste Sichkümmern eines Menschen um einen neugeborenen Menschen könnte das Kind nicht Mensch werden. Daß ein Mensch sich um uns kümmert (die Mutter vor allem, dann die Familie und die Menschen aus der näheren Umgebung), erfahren wir grundlegend als Bejahung unseres Daseins. Wir haben ein Recht zu sein und haben einen Platz in der Gemeinschaft der Menschen. Das Lächeln, mit dem der Säugling auf Zuwendung antwortet, ist sein erstes Echo auf diese Bejahung.

Das kleine Menschenwesen spürt: Ich darf sein. Das ist wie die erste Begnadigung, die es erlebt; das ist wie der Freispruch vom Todesurteil der Kindesaussetzung.

Klingt das zu dramatisch? Mag sein. Aber tatsächlich gibt es die Angst des Kindes vor dem Verlassen- und Ausgesetztwerden, eine Angst, die wahrscheinlich vom Trauma der Geburtserfahrung her weiterwirkt, von dieser Erfahrung des Hinausgestoßenwerdens aus dem Schoß ins Ungeborgene. Und wenn wir es genau bedenken, könnte es sein, daß viele von uns ein Leben lang Angst vor dem Ausgesetztwerden haben: davor, nicht mehr akzeptiert zu werden, nicht mehr dazuzugehören. Diese Angst ist es, die uns zu vielfältigen Formen der Anpassung und des Werbens um Sympathie und Anerkennung antreibt.

Den mit der Geburt verbundenen Ängsten, die ein Leben lang weiterwirken und also unser Lebensgefühl, unseren Glauben beeinflussen, werden wir in

der nächsten Betrachtung noch ausführlicher nachgehen.

Die Zwiespältigkeit unseres Daseins

*Danach offenbarte sich Jesus den Jüngern noch einmal. Es
war am See von Tiberias, und er offenbarte sich in folgender
Weise. Simon Petrus, Thomas, genannt Didymus (Zwilling), Natanael aus Kana in Galiläa, die Söhne des Zebe-
däus und zwei andere von seinen Jüngern waren zusammen.
Simon Petrus sagte zu ihnen: Ich gehe fischen. Sie sagten zu
ihm: Wir kommen auch mit. Sie gingen hinaus und stiegen
in das Boot. Aber in dieser Nacht fingen sie nichts. Als es
schon Morgen wurde, stand Jesus am Ufer. Doch die Jünger
wußten nicht, daß es Jesus war. Jesus sagte zu ihnen: Meine
Kinder, habt ihr nicht etwas zu essen? Sie antworteten ihm:
Nein. Er aber sagte zu ihnen: Werft das Netz auf der rechten
Seite des Bootes aus, und ihr werdet etwas fangen. Sie war-
fen das Netz aus und konnten es nicht wieder einholen, so
voller Fische war es. Da sagte der Jünger, den Jesus liebte, zu
Petrus: Es ist der Herr! Als Simon Petrus hörte, daß es der
Herr sei, gürtete er sich das Obergewand um, weil er nackt
war, und sprang in den See. Dann kamen die anderen Jünger mit dem Boot – sie waren nämlich nicht weit vom Land
entfernt, nur etwa zweihundert Ellen – und zogen das Netz
mit den Fischen hinter sich her. Als sie an Land gingen, sahen sie am Boden ein Kohlenfeuer und darauf Fisch und
Brot. Jesus sagte zu ihnen: Bringt von den Fischen, die ihr
gerade gefangen habt. Da ging Simon Petrus und zog das
Netz an Land. Es war mit hundertdreiundfünfzig großen Fischen gefüllt, und obwohl es so viele waren, zerriß das Netz
nicht. Jesus sagte zu ihnen: Kommt her und eßt! Keiner von*

den Jüngern wagte ihn zu fragen: Wer bist du? Denn sie
wußten, daß es der Herr war. Jesus trat heran, nahm das
Brot und gab es ihnen, ebenso den Fisch. Dies war schon das
dritte Mal, daß Jesus sich den Jüngern offenbarte, seit er von
den Toten auferstanden war. Johannesevangelium 21, 1–14

Stellen wir uns die Jünger nach dem Tod Jesu vor: Begeisterte, Naive, die auf einen Idealisten all ihre Hoffnung gesetzt hatten. Der Mann hatte Erfolge gehabt, Wunder gewirkt, Scharen waren ihm zeitweise nachgelaufen. Und sie hatten sich in seiner Bekanntheit gesonnt. Plötzlich wurde er verhaftet und hingerichtet. Das war ein ungeheurer Schock für sie. Alles, woran sie geglaubt und worauf sie ihr Leben gebaut hatten, war grausam zerschlagen und lag in Trümmern. Der Mensch, den sie verehrt, dem sie sich anvertraut, mit dem sie in freundschaftlicher Gemeinschaft gelebt hatten, war aus ihrem Leben verschwunden.

Aber da spürten sie unversehens und konnten es selber kaum glauben: Er ist trotzdem weiter bei uns. Selbst der Tod hat uns nicht trennen können. Diese Erfahrung wird uns in der Ostergeschichte Joh 21,1–14 und auch in allen anderen Glaubensgeschichten von Erscheinungen des Auferstandenen in immer neuen Szenen vor Augen gehalten.

Nichts ist mehr wie früher – und dennoch lebt alles Wichtige von früher in neuer Form weiter: tiefer nur, innerlicher, geläuterter; aber wirklicher und unzerstörbarer als zuvor. Niemand kann uns das mehr nehmen.

So zeichnen alle Geschichten von Erscheinungen des auferstandenen Jesus in vielfältigen Variationen das immer gleiche Grundmuster einer wesentlichen Erfahrung unseres menschlichen Daseins: daß wir durch zahllose Brüche, Zusammenbrüche und abgrundtiefe Enttäuschungen hindurch dennoch, wie durch ein Wunder, einen durchlaufenden Faden wahrnehmen; daß wir ein nicht umzubringendes Leben haben und darum immer wieder eine Art Auferstehung erleben; daß wir wie Stehaufmännchen nach jedem Anschuß zwar kurz oder auch länger erschossen am Boden liegen, aber dann doch wieder den Kopf in die Höhe strecken, uns aufrappeln und neue Lebensmöglichkeiten entdecken.

Das so positiv zu erleben, wäre immer wieder die *Oster*-Erfahrung in unserem Leben. Sie könnte uns wappnen für die allerletzte Krise: für unser Sterben. Wer viele kleine Tode erfahren hat und viele kleine Auferstehungen daraus, in dem wächst ein inneres Vertrauen, das ihm sagt: wenn die Entwicklung bisher immer wieder so verlaufen ist, und wenn ich immer wieder auferstanden bin – warum soll es dann diesmal ganz anders sein?

Wenn ein solches Vertrauen in das Leben in uns wächst, dann ist das der wirkliche *Glaube,* kein bloßes Fürwahrhalten irgendwelcher Behauptungen und Traditionen, sondern eine Lebensenergie, die uns trägt und mit Zuversicht erfüllt.

Wir sind damit wieder beim Thema unserer Reihe von Betrachtungen über die Stufen des Glaubensbewußtseins. In der letzten Betrachtung haben wir angefangen, uns vor Augen zu führen, wie der Glaube im Menschenwesen schon in der Zeit der Schwangerschaft und in den ersten zwei, drei Lebensjahren grundgelegt, ja entscheidend geprägt wird.

Es paßt zum Evangelium Joh 21,1–14 und dem schon darüber Gesagten, wenn wir jetzt noch genauer bedenken, daß für jeden Menschen das Erlebnis seiner Geburt ein traumatisches Erlebnis ist. Zwar hat das keiner von uns bewußt wahrgenommen und erinnert sich bewußt daran: aber wir wissen, daß gerade unbewußte Erfahrungen tiefe Spuren in unsere Seele eingraben können.

Paradoxerweise nun ist das Erlebnis, ins Leben geboren zu werden, fast das gleiche wie das Erlebnis, zu sterben. Gewöhnlich dauert es ungefähr zwanzig Minuten, bis ein Kind durch den Geburtskanal ins Freie gepreßt ist. Während dieser Zeit ersticken wir fast. Unter Atemnot erkämpfen wir uns den Weg in die Welt der Beziehungen; wir werden in die Gemeinschaft hinausgepreßt und hinausgestoßen. Wenn die Schwangerschaft ansonsten normal verlaufen ist, werden diese zwanzig Minuten, bis wir endgültig das Licht der Welt erblicken, zu unserer ersten Erfahrung des Bedrohtseins durch Abgestoßenwerden, durch Tod, durch Nicht-Sein.

Es wäre furchtbar für den neuen Erdenbürger, wenn er nicht alsbald die österliche Erfahrung machen würde: „Ich bin bei dir. Du bist nicht allein. Du bist geborgen."

Ja, wenn wir nicht alsbald aufgefangen und geborgen werden mit körperlich-seelischer Nähe, ist es höchstwahrscheinlich, daß uns dieses allererste Erlebnis ein Leben lang prägt: das traumatische Erlebnis, bedroht zu sein durch bodenlose Einsamkeit und grausige Kälte; das Gefühl, daß uns der Abgrund des Nichts, der Sinnlosigkeit und Verlassenheit angähnt und lähmt.

Es gibt Kinder, die im Übermaß immer wieder Bestätigung, Körperkontakt und Streicheleinheiten suchen. Man spürt, daß sie ständig neu den Beweis brauchen: Ich werde wirklich geliebt, ich bin nicht allein. Selbst wenn sie diesen Beweis immer wieder bekommen, können sie ihn dennoch nie endgültig glauben; sie suchen womöglich ihr Leben lang auf die vielfältigsten Weisen nahezu krankhaft nach Bestätigung und Anerkennung. Das stammt höchstwahrscheinlich aus einer Mangelerfahrung im frühkindlichen Stadium, die nur äußerst schwer wieder wettzumachen ist.

Wo jedoch einem Kind spontan und ausreichend vermittelt worden ist: „Hab keine Angst. Ich bin da. Ich mag dich. Ich verlaß dich nicht", da entsteht in seiner Seele das Vor-Bild einer mächtigen und vertrauenswürdigen letzten Instanz; da werden sozusagen die entscheidenden Umrisse der Vorstellung – nein, besser ist es zu sagen: des Gefühls – gezeichnet, das erst sehr viel später dann mit bewußten Inhalten und Bildern gefüllt wird: des Gefühls eines väterlich-mütterlich zärtlichen Gottes, der Angenommensein und Geborgenheit vermittelt und das Bewußtsein, nie allein und verlassen zu sein und nie ins Bodenlose zu fallen.

In Afrika habe ich beobachtet, daß die Mütter ihre Kinder während der ersten zwei Lebensjahre den ganzen Tag auf dem Rücken tragen und ihnen jeder-

34

zeit, sobald sie den Wunsch spüren lassen, die Brust zum Trinken reichen.

Diese Kinder erfahren also eine ständige körperliche Einheit mit ihrer Mutter, eine unaufhörliche Geborgenheit. Die Mutter ist immer da.

Der Schnuller ist unbekannt als Placebo, als enttäuschender Brust-Ersatz, sondern immer ist es wirklich die Brust der Mutter, die sie tröstet und nährt.

Dagegen machen bei uns schon die Säuglinge unbewußt, aber wirklich die Erfahrung, daß sie ein ganzes Stück weit mit künstlichem Ersatz statt echter Zuwendung betrogen werden. Und wir Größeren verlernen es oft fast ganz, zwischen echter Liebe und Ersatzbefriedigungen unterscheiden zu können. Wie erschreckend ist es, wenn zunehmend mehr Menschen nach Drogen, Alkohol und den verschiedenartigsten Betäubungsmitteln greifen!

Die Art, wie afrikanische Mütter in engster Gemeinschaft mit ihren Kleinkindern leben, legt in den Kindern den Grund zu einem Lebensgefühl, das, soweit ich das erleben konnte, spürbar anders ist als das Lebensgefühl unserer Kinder.

Es ist nicht etwa so, daß die Kinder durch den sehr langen ständigen Körperkontakt mit der Mutter unfähig würden, sich von der Mutter zu lösen. Im Gegenteil: Biologisch gesehen sind wir Menschen Frühgeburten. Und offensichtlich haben wir körperlich-seelisch das Bedürfnis, noch einige Zeit länger als neun Monate in physischer Einheit mit der Mutter, in ständigem Haut- und Körperkontakt zu leben. Wenn das Maß erfüllt ist, ist es sozusagen endgültig abgesättigt, und das Kind löst sich befriedigt und von allein von der Mutter. Soweit ich sehen konnte, sind danach alle Bekundungen von Zärtlichkeit zwischen Eltern und Kindern fast ganz verschwunden und man geht sachlich und nüchtern miteinander um.

Wenn das Maß im frühkindlichen Alter aber nicht erfüllt worden ist, kann sich der Nachholbedarf ein Leben lang in den merkwürdigsten Formen äußern.

Die Kinder in Afrika kommen mir sehr viel ausgeglichener und ruhiger vor als die unsrigen. Sie entfalten ein ungemein tiefes Vertrauen ins Leben und eine unnachahmliche Fähigkeit, sich ihres Lebens zu freuen und es zu feiern. Trotz der äußeren Einfachheit, Entbehrungen und oft Not strahlen sie eine Lebensfreude aus, die wir in dieser Weise kaum kennen. Und vor allem – das gehört nun speziell in unseren Zusammenhang –: für sie ist der Glaube an einen Gott als mütterlich-väterliches Wesen über ihnen und um sie eine Selbstverständlichkeit. Diese Wirklichkeit haben sie ja ihre ganze Kindheit hindurch erfahren und buchstäblich mit der Muttermilch getrunken.

Wir dagegen sind so gut wie alle aus dem Grundgefühl, in der Welt geborgen und mit ihr eins zu sein, herausgefallen – wahrscheinlich, weil wir alle schon früh viel Trennung erlebt haben.

Unsere Geburts- und frühkindliche Erfahrung wirft uns von Anfang an hinein in eine Spannung, die unser gesamtes Lebensgefühl prägt. Sie läßt sich umschreiben mit den drei Gegensatzpaaren

Grundvertrauen – Grundmißtrauen,

Geborgenheit – Verlassenwerden und

Wunscherfüllung – tiefe Enttäuschung.

Diese Gegensatzpaare sind zutiefst *religiöser* Natur. Es sind grundlegende Gefühlserfahrungen, die die Seele des Kindes umhüllen und durchdringen und ihm das Grund-Gefühl vermitteln: „So ist das Leben", und folglich auch: So ist die Wirklichkeit, die mich umgibt, so ist *Gott.*

Was wäre das ideale Lebensgefühl, das wir einem Kind vermitteln könnten?

Daß es nur die positiven Seiten erfährt: Grundvertrauen, Geborgenheit, Erfüllung aller Wünsche?

Nein – das wäre eine unrealistische Einstellung dem Leben gegenüber, die etwas Kindlich-Naives an sich hätte.

Tatsächlich meine ich bei den Menschen in Afrika als Kehrseite ihres sehr positiven Lebensgefühls eine eher passive Haltung festzustellen. Das heißt: sie sind zufrieden mit dem Vorhandenen, freuen sich ihres Lebens, wie es ist, und verschwenden nicht viele Gedanken darauf, was man verändern, weiterentwickeln, verbessern könnte – haben also fast gar nicht jenen Geist der Innovation und des Weiter- und Höherentwickelns, der uns im Übermaß umtreibt und nie zur Ruhe kommen läßt.

Wir sind eher geprägt von den negativen Polen der drei Gegensatzpaare: von Grundmißtrauen, Verlassenwerden, Enttäuschung – und sind deshalb ungeheuer aktiv, setzen alles daran, selber die Schmiede unseres Glücks zu werden.

Und die Religion hat uns jahrhundertelang das dazu passende Gottesbild geliefert – oder vielleicht können wir auch umgekehrt sagen: wir haben aus diesem Lebensgefühl heraus das entsprechende Bild von Gott entwickelt: Gott als einen strengen, anspruchsvollen, mit dem Zeigefinger winkenden Über-Vater, der einem dauernd Schuldgefühle macht und von dem man nie sicher weiß, ob man Gnade in seinen Augen findet.

Schon Martin Luthers bedrängendste Frage ist gewesen: „Wie finde ich einen gnädigen Gott?" Viele Zeitgenossen werden nicht mehr so ausdrücklich von der Frage umgetrieben, wie sie einen gnädigen *Gott* finden, aber sie empfinden das Leben insgesamt als grausam und gnadenlos und strampeln sich ab, um vor sich selber und vor anderen Gnade und Anerkennung zu finden – und das ist im Grunde immer noch die gleiche Fragestellung, jetzt eben gegenüber einer anonymen Instanz statt gegenüber dem Angesicht Gottes.

– Da haben wir also die beiden Pole, zwischen denen sich schon gefühlsmäßig und noch unbewußt das Kleinkind findet:

Grundvertrauen – Grundmißtrauen

Geborgenheit – Verlassenwerden und

Wunscherfüllung – tiefe Enttäuschung.

Das Ideal wäre, schon dem Kleinkind diese Spannung und Zwiespältigkeit unseres Daseins als erträglich zu vermitteln, ja als Quelle unserer Inspiration und Dynamik.

Die Kunst bestünde also darin, dem Kleinkind erträgliche Verzichte zuzumuten und diese Verzichte einzubetten in die grundlegenden Erfahrungen von Vertrauen, Geborgenheit und Wunscherfüllung. Die Balance zwischen Vertrauen und Mißtrauen ist besonders in jener Zeit einer schwierigen Bewährungsprobe ausgesetzt, wo sich die Mutter – nach der Geburt und der ersten Versorgung des Kindes, die ihre volle Konzentration auf das Kind erfordert – wieder stärker anderen Aufgaben und Interessen zuwendet. Das Vertrauen muß dann so stark sein, daß die teilweise Abwendung der Mutter das Mißtrauen nicht überwiegen läßt. Das Kind muß es lernen, die Mutter und andere Bezugspersonen ohne übermäßige Belastung oder Angst weggehen lassen zu können. Es muß Verzichte ertragen lernen – aber immer im größeren Rahmen der Erfahrung, geliebt und beschenkt zu werden.

Sie sehen: es ist ein Balanceakt, das grundlegende Lebensgefühl und damit auch das religiöse Bewußtsein im Kleinkind richtig zu prägen. Denn was das Kind in diesem Alter *menschlich* erfährt, das prägt auch seine Vorstellung von Gott.

Auch *Gott* ist ja nicht nur ein „liebender Gott", der immer da ist, immer Geborgenheit schenkt, immer alle Wünsche erfüllt.

Viele Menschen pflegen ihrer Lebtag ein so naives Bild von Gott. Wenn sie dann erfahren, daß Gott sich nicht diesem Bild entsprechend verhält, reiben sie sich daran furchtbar wund und stürzen in abgrundtiefe Glaubenszweifel. Wer aber schon als Kind gelernt hat, Enttäuschungen, Versagungen und Unerklärliches im größeren Rahmen eines grundsätzlichen Vertrauens stehenzulassen, der kann damit leben.

ZWEITE STUFE:

Der Glaube im Vorschulalter

Wenn der Gott der Kindheit getötet wird

Amen, amen, das sage ich euch: Wer in den Schafstall nicht durch die Tür hineingeht, sondern anderswo einsteigt, der ist ein Dieb und ein Räuber. Wer aber durch die Tür hineingeht, ist der Hirt der Schafe. Ihm öffnet der Türhüter, und die Schafe hören auf seine Stimme; er ruft die Schafe, die ihm gehören, einzeln beim Namen und führt sie hinaus. Wenn er alle seine Schafe hinausgetrieben hat, geht er ihnen voraus, und die Schafe folgen ihm; denn sie kennen seine Stimme. Einem Fremden aber werden sie nicht folgen, sondern sie werden vor ihm fliehen, weil sie die Stimme des Fremden nicht kennen. Dieses Gleichnis erzählte ihnen Jesus; aber sie verstanden nicht den Sinn dessen, was er ihnen gesagt hatte.

Weiter sagte Jesus zu ihnen: Amen, amen, ich sage euch: Ich bin die Tür zu den Schafen. Alle, die vor mir kamen, sind Diebe und Räuber; aber die Schafe haben nicht auf sie gehört. Ich bin die Tür; wer durch mich hineingeht, wird gerettet werden; er wird ein- und ausgehen und Weide finden. Der Dieb kommt nur, um zu stehlen, zu schlachten und zu vernichten; ich bin gekommen, damit sie das Leben haben und es in Fülle haben. Johannesevangelium 10, 1–10

Die wenigsten von uns werden Erfahrungen mit Schafen haben – aber vielleicht mit anderen Haustieren, zum Beispiel mit einem Hund. Sie werden bestätigen können: Was Jesus von den Schafen sagt, gilt auch für einen Hund. Er kennt die Stimme seiner Herrin oder seines Herrn aus allen anderen Stimmen heraus und folgt nur dieser Stimme. Warum? Weil er dressiert ist, wie wir sagen; oder anders formuliert: weil er seine guten Erfahrungen mit dieser Stimme, und über die Stimme mit diesem *Menschen* gemacht hat, und weil er deshalb eine Entsprechung, einen Gleichklang empfindet. Gute Gefühle werden in ihm geweckt, und er antwortet freudig und gehorsam auf den Zuruf dieser Stimme.

Im Glaubensleben sei es ähnlich, sagt Jesus in Joh 10, 1–10: Wenn man die Stimme Gottes hört, regt sich etwas in einem. Eine Saite kommt zum Klingen. Man spürt: „Das ist er!", und man reagiert darauf mit Aufmerksamkeit und Zuneigung.

Voraussetzung ist auch hier eine *Vorgeschichte.* Denn merkwürdigerweise ist fast all unser Erkennen sozusagen ein *Wiedererkennen.*

In jedem von uns steckt eine Sehnsucht nach Ich-weiß-nicht-Was, das man nicht genau beschreiben kann. Dichter und Liedermacher können davon singen, sensible Menschen können die Ahnung davon lebhaft wachrufen. Jedoch können wir das nicht genau fassen und beschreiben; wir haben es nicht im Griff. Nur wenn wir daran rühren, können wir sagen: „Das ist es!" Es ist dann, als würden wir etwas wiedererkennen, was uns schon immer bekannt gewesen ist und nur verlorengegangen war. Man hat es umschrieben als die „Sehnsucht nach dem verlorenen Paradies", von dem auch die Bibel erzählt.

Manche meinen, wir hätten schon öfters gelebt; unsere Seele wandere durch verschiedene Existenzen und kenne aus früheren Leben dieses Paradies.

Der heilige Augustinus und mit ihm die ganze christliche Tradition sagen, wir seien auf Gott hin erschaffen, und unruhig sei unser Herz, bis es Ruhe finde in ihm. Das Gefühl für Gott sei also sozusagen sein Fingerabdruck, seine Spur in unserem Wesen. Die Dichterin Gertrud von le Fort hat diese Erfahrung so formuliert:

„Herr, es liegt ein Traum von dir in meiner Seele,
aber ich kann nicht zu dir kommen,
denn alle meine Tore sind verriegelt! ...
Wie bist du hereingekommen, du Stimme meines Gottes?
Bist du nur ein Ruf der wilden Vögel meiner Fluten? ...
Ich habe kein Ruhen in allen meinen Kammern:
ihre stillste ist noch wie ein einz'ger Schrei!"

Der Idealfall religiöser Entwicklung wäre, wenn ein Mensch von Kind an die Entsprechung finden würde zwischen dem Abdruck, der Ahnung Gottes auf dem Grund seines Wesens und dem Gott, von dem ihm in Familie und Kirche erzählt wird; wenn er also in den Stimmen von außen die Stimme wiedererkennen würde, nach der er sich in seinem Innersten sehnt.

Aber das ist in Wirklichkeit selten der Fall. Wer ist sich schon dessen bewußt, daß „kein Kind ... zum

‚Hause Gottes' (kommt) ohne seinen Lieblingsgott unter dem Arm" (A.-M. Rizzuto)?

Von der Zeit an, wo dem Kind durch Sprache Wahrheiten über Gott und den Glauben vermittelt werden können, kommt es fast immer zum Bruch mit dem „Lieblingsgott unter dem Arm" des Kindes.

Wer ist sich schon dessen bewußt, daß es von dieser Zeit an darum geht, das *eigene*, von den Erfahrungen der Kindheit geprägte und gefüllte Gottesbild des Kindes – das das Kind natürlich nicht aussprechen kann – mit dem in Kirche, Schule und Gesellschaft vorherrschenden, gleichsam *offiziellen* Gottesbild in Beziehung und Entsprechung zu bringen und behutsam weiterzuentwickeln?

Wer kennt die Formen und Muster, in denen ein Kind im Vorschulalter religiöse Wahrheiten aufnehmen und altersgerecht in sein Weltbild einfügen kann?

Um diese Themen soll es bei dieser und den folgenden Betrachtungen in unserer Reihe über „Stufen des Glaubensbewußtseins" gehen. Ich möchte mich dabei übrigens, so gut es geht, hüten, kluge Sprüche über religiöse Sozialisation und über Kindererziehung überhaupt zu machen. Dafür bin ich nicht kompetent. Mir geht es vorwiegend darum, daß wir als *Erwachsene* unsere eigene religiöse Biografie bedenken und dabei bewußter sehen, von welchen Einflüssen und Stufen her wir geprägt oder gar blockiert sind, und wie wir uns selber weiterentwickeln könnten. Wenn sich dann auch sozusagen nebenher einige Einsichten über die angemessene Vermittlung unseres Glaubens an die Kinder ergeben sollten –

um so besser. Aber es geht zuerst einmal um *uns selber*. Das, was wir selber *sind* und ausstrahlen, ist viel wichtiger für die Weitergabe des Glaubens als das, was wir ausdrücklich zu diesem Thema sagen oder tun.

Wir haben in unseren Betrachtungen bisher gesehen, daß ein Kind schon während der Schwangerschaft und der Jahre, wo man ihm noch nichts in sprachlicher Form mitteilen kann, eine bestimmte Vorstellung von Gott und Gefühle über ihn vermittelt bekommt: nämlich durch die Art, wie es angenommen wird und wie es die Eltern und seine Umgebung erfährt. Selbst wenn ein Kind in der Hinsicht recht gute, positive Erfahrungen gemacht hat, geschieht es sehr oft, daß das, was man ihm von Gott erzählt, dann nicht diese Erfahrungen fortführt und vertieft, sondern sie eher zuschüttet. Im Bild unseres Evangeliums gesprochen: Das Erzählte ist nicht die „Stimme" Gottes, die es gefühlsmäßig kennt, sondern ist eine *fremde* Stimme. Die Folge ist, daß das Kind schon früh in einen Konflikt kommt zwischen seinen tiefsten Sehnsüchten und Gefühlen, die es bezüglich Gott hat, und dem, was ihm die großen Leute über Gott erzählen.

Ich glaube, viele große Leute bleiben schon an dieser Stelle, in diesem frühkindlichen Konflikt, ihrer Lebtag stecken. Sie haben ein *tiefes Gefühl,* wie Gott eigentlich ist. Das können sie nicht sehr deutlich beschreiben, und sie behalten es auch meistens für sich. Was ihnen von ihren Eltern und von der Kirche über Gott erzählt worden ist, hat meistens wenig mit diesem Gefühl zu tun. Es steht in mehr oder weniger großem Widerspruch dazu. Sie wissen nicht recht, wie sie mit diesem Konflikt umgehen sollen. Darum passen sie sich äußerlich der offiziellen Lehre an; oder sie verdrängen ihr Gefühl und halten sich an die Lehre; oder sie hängen von der Kirche ab und halten sich an ihr Gefühl – meistens, ohne es recht bewußt und differenziert auszubilden und zu kultivieren. Das sind dann die vielen Leute, die verschwommen an ein gütiges göttliches Wesen über uns glauben, das zu allem Ja und Amen und „Heile, heile Segen" sagt. Das Gefühl ist nicht falsch, aber zu undeutlich und nichtssagend und folgenlos.

Damit soll es für den Augenblick genug mit der Theorie sein. Ich will Ihnen jetzt ein ganz praktisches Beispiel zitieren, wie das frühkindliche Gottesgefühl eines kleinen Mädchens überfahren worden ist vom Gottesbild einer Kindergarten-Schwester. Die Autorin, Jutta Richter, beschreibt das in einem Buch mit dem Untertitel „Versuch einer Befreiung". Das heißt, im Erwachsenenalter hat sie die *wahre* Stimme Gottes in ihrer Seele wiederentdeckt und freigelegt und versucht, sich von dem darübergestülpten Bild zu befreien – was ungeheuer schwer ist. Sie erzählt:

„ ‚Der liebe Gott sieht alles', sagte Schwester Lioba im Kindergarten. ‚Er sieht alles, er hört alles, er weiß alles.'

Der liebe Gott sitzt im Himmel auf einer weißen Wolke. Er hat einen langen Bart. Er hat Augen, die durchdringen die Wände, die können unter Bettdecken sehen, in Nischen, in Keller. Die machen vor nichts halt. Die sehen Tag und Nacht. Die werden nie müde. Das sind keine Augen, das sind Blitze. Die sehen und sehen und sehen.

Der liebe Gott, sagte Schwester Lioba im Kindergarten, kommt zuerst, dann kommt der Papst, dann der Kardinal, dann der Bischof, dann der Herr Pfarrer als nächster, dann die Schwester Oberin, dann Vater und Mutter, dann kommt lange nichts. Und ganz zum Schluß kommst du, sagte Schwester Lioba im Kindergarten.

Das wußte ich genau: Wer böse ist, der tut dem lieben Gott weh. Wer böse ist, macht, daß das Blut vom lieben Heiland wieder fließt. ‚Deine Gnad und Jesu Blut machen allen Schaden gut.'

Ein gutes Kind ißt seinen Teller leer. Ein gutes Kind macht sich nicht schmutzig. Ein gutes Kind nascht nicht. Ein gutes Kind lügt nicht. Ein gutes Kind hebt nicht seinen Rock hoch und zeigt nicht seine Unterhosen. Jeden Abend mußte ich zugeben, daß ich ein böses Kind gewesen war. ‚Deine Gnad und Jesu Blut machen allen Schaden gut', betete ich mit meiner Mutter vor dem Einschlafen.

In der Fastenzeit stand ein großer Pappkarton im Kindergarten. Er stand neben dem Negerkind, das nickte, wenn man einen Groschen in den Schlitz warf. Negerkinder – Heidenkinder – arme Kinder waren das, sagte Schwester Lioba. Die waren nackt und schwarz und kannten den lieben Heiland nicht.

Der Kasten, der neben dem Negerkind stand, war für Süßigkeiten bestimmt. Für ovale, bonbonbunte Ostereier mit Schaumfüllung, mit Schokolade und Lakritzstangen. Die kaufte ich an der Bude, dort, wo es auch die Wundertüten gab. Für zwanzig Pfennig.

46

Morgens, auf dem Weg zum Kindergarten, für zwanzig Pfennig ein Wunder ...

In der Fastenzeit durfte ich keine Wundertüten kaufen. Da gab es kein Kribbeln, da kaufte ich bonbonbunte Ostereier mit Schaumfüllung für den Kasten im Kindergarten, damit auch die Waisenkinder aus dem Kinderheim zum Guten Hirten am Ostertag bunte Nester finden konnten ...

Ich wollte, daß der liebe Gott mich am liebsten hätte. Nur mich sollte er liebhaben. Es ist böse, sagte Schwester Lioba, wenn man immer alles für sich haben will. Man muß auch etwas abgeben können, dann freut sich der liebe Gott.

Ich stellte mir vor, so viel Geld zu haben, daß ich alle bonbonbunten Ostereier der Welt kaufen könnte. Die hätte ich in den Kasten neben dem Negerkind geworfen, dann hätte der liebe Gott mich doch am liebsten haben müssen."

Soweit ein Teil der Schilderung von Jutta Richter. In vielen Autobiografien kann man den bedrohlichen, moralisierenden und strafenden Gott finden, häufig mit besonderer Betonung des sexuellen Bereichs. Von zahllosen Eltern ist er in Dienst genommen worden als Polizist, als Aufpasser-Gott, vor dem man immer ein schlechtes Gewissen haben muß, und der einen auch noch dann voll überwacht, wenn die Eltern einen nicht sehen.

Interessanterweise erzählt Jutta Richter aber noch von einem zweiten Gott, der ihr in ihrer Kindheit vertraut war:

„Ich erinnere mich, daß es zwei Götter gab: den lieben Gott meiner Mutter und den lieben Gott von

Schwester Lioba, der auch der von Vikar Wittkamp war. Der liebe Gott Schwester Liobas war der Vater des nickenden Negerkindes aus Gips. Für einen Groschen zehnmal nicken. Der liebe Gott Schwester Liobas war stets darauf bedacht, alles zu sehen, alles zu wissen und alles zu bestrafen. Der liebe Gott Schwester Liobas hatte ewiges Leben und war mächtig und böse. Der liebe Gott meiner Mutter war der Vater des Schutzengels. Der liebe Gott meiner Mutter war ein freundlicher alter Herr, dem die Himmelsschlüssel aus der Hand gefallen waren und jetzt als Blumen am Sielbach wuchsen. Der liebe Gott meiner Mutter war im Sommer ein leidenschaftlicher Gärtner, und ab September arbeitete er aushilfsweise in der himmlischen Bäckerei, zusammen mit den kleinen pausbackigen Engeln, deren Schicht mit dem Abendbrot begann. Meine Mutter kannte alle Sorten der Plätzchen, die dort für Weihnachten gebacken wurden, und konnte sie mir aufzählen. Der liebe Gott meiner Mutter wäre niemals auf den Gedanken gekommen, hinter Kindern herzuspionieren, er machte lieber beide Augen zu und schickte den Schutzengel an die rechte Seite meines Bettes, wo er die ganze Nacht Wache hielt. Ich konnte seinen Engelsatem spüren. Der liebe Gott meiner Mutter hatte nur einen Fehler: Er starb, als ich fünf wurde, und Schwester Lioba sagte: Seinen einzigen Sohn opferte Gott für die Sünden der Menschen, auch für deine Sünden, und mich dabei ansah."

Jutta Richter fühlt sich von der Kirche unverstanden und betrogen, in ihren Vorstellungen unterdrückt und eingeengt. Gegen den Gott, den ihr die kirchliche Erziehung nahegebracht hat, den Gott, der sich bezahlen läßt, bevor er gibt, klagt sie den mütterlichen Gott ihrer Kindheit ein. Dieses gnädigen Gottes sieht sie sich durch die kirchliche Erziehung beraubt. Die Stimme, die sie gekannt hätte und die ihr geholfen hätte, ist übertönt und erstickt worden von einer falschen Stimme.

Ich denke, mancher von uns wird in seiner Kindheit ähnliches erlebt haben wie Jutta Richter, wenn auch vielleicht nicht in *der* Ausdrücklichkeit und Schärfe. Man kann sich natürlich fragen, ob die Gottesvorstellung der Kindheit, also der Gott der Mutter von Jutta Richter, in *der* Form ohne Schwester Liobas Eingreifen sich hätte erhalten können. Sicher auch nicht. Auch so hätten sich die kindlichen Vorstellungen, zum Beispiel vom „Schutzengel", an neuen Erfahrungen brechen müssen – aber es wäre eine andere Weise denkbar, eine hilfreichere, kindgemäßere Fortführung und Weiterentwicklung.

Ich denke, vielen von uns ist diese andere, bessere Weise auch nicht vergönnt gewesen, und deshalb ist der Gott ihrer Kindheit gestorben, statt sich deutlicher, überzeugender und hilfreicher zu offenbaren. Und mit dem Gott der Kindheit ist die vertraute Stimme aus dem Leben verschwunden, und wir tun uns nicht leicht, sie später wieder neu zu hören, sie ernst zu nehmen und zuzulassen und uns statt von den fremden Stimmen von *ihr* führen zu lassen, ohne Widerstände und Schuldgefühle. Das wird uns noch länger beschäftigen müssen.

Geschenke für die Vorstellungskraft

Euer Herz lasse sich nicht verwirren. Glaubt an Gott, und glaubt an mich! Im Haus meines Vaters gibt es viele Wohnungen. Wenn es nicht so wäre, hätte ich euch gesagt: Ich gehe, um einen Platz für euch vorzubereiten? Wenn ich gegangen bin und einen Platz für euch vorbereitet habe, komme ich wieder und werde euch zu mir holen, damit auch ihr dort seid, wo ich bin. Und wohin ich gehe – den Weg dorthin kennt ihr. Thomas sagte zu ihm: Herr, wir wissen nicht, wohin du gehst. Wie sollen wir dann den Weg kennen? Jesus sagte zu ihm: Ich bin der Weg und die Wahrheit und das Leben; niemand kommt zum Vater außer durch mich. Wenn ihr mich erkannt habt, werdet ihr auch meinen Vater erkennen. Schon jetzt kennt ihr ihn und habt ihn gesehen. Philippus sagte zu ihm: Herr, zeig uns den Vater; das genügt uns. Jesus antwortete ihm: Schon so lange bin ich bei euch, und du hast mich nicht erkannt, Philippus? Wer mich gesehen hat, hat den Vater gesehen. Wie kannst du sagen: Zeig uns den Vater? Glaubst du nicht, daß ich im Vater bin und daß der Vater in mir ist? Die Worte, die ich zu euch sage, habe ich nicht aus mir selbst. Der Vater, der in mir bleibt, vollbringt seine Werke. Glaubt mir doch, daß ich im Vater bin und daß der Vater in mir ist; wenn nicht, glaubt wenigstens aufgrund der Werke! Amen, amen ich sage euch: Wer an mich glaubt, wird die Werke, die ich vollbringe, auch vollbringen, und er wird noch größere vollbringen, denn ich gehe zum Vater.   Johannesevangelium 14, 1–12

Vielleicht ist Ihnen aufgefallen, daß ich für unsere Überlegungen über die „Stufen des Glaubensbewußtseins" immer vom Evangelium ausgehe, obwohl dies eine Predigtreihe ist, die sich unabhängig von den jeweiligen Tagestexten entwickelt. Das hat seinen Grund.

Ich bringe es nicht übers Herz, ein Evangelium vorzulesen und dann sofort ein völlig anderes Thema anzuschlagen. Das kommt mir vor, wie wenn man einen bedeutenden Gast etwas sagen läßt und dann, sobald er den Mund schließt, von etwas ganz anderem redet. Derart takt- und lieblos darf man den nicht in die Ecke stellen und mißachten, der uns Worte ewigen Lebens zu sagen hat. Und so knüpfe ich an das an, was er gesagt hat, und leite davon über zu unserem Thema. Fast immer läßt sich das ohne allzu große Mühe anstellen. Denn die wesentlichen Aussagen unseres Glaubens kreisen alle um eine Mitte, und man kann deshalb von jedem Punkt aus zu dieser Mitte hintasten. Alles ist untereinander organisch verbunden, alles hängt miteinander zusammen, überall kann man einsteigen.

Steigen wir jetzt ein über das Unverständnis der Jünger, von dem im Evangelium Joh 14,1–12 die Rede ist. „Schon so lange bin ich bei euch, und du hast mich nicht erkannt, Philippus?", haben wir Jesus sagen hören. Wir können daraus seine innere Einsamkeit ahnen, die ihn seiner Lebtag begleitet hat. Denn obwohl er stets von Menschen umgeben und von Massen bedrängt war, hat ihn keiner verstanden. – Verstehen *wir* ihn? Vermutlich auch nicht.

Er läßt uns Zeit, ihn zu verstehen, unser Leben lang. Seinen Jüngern hat er versprochen, ihnen den Heiligen Geist zu schicken, der sie nach und nach in alle Wahrheit einführen werde, in die Wahrheit, die sie nicht aufnehmen konnten, solange er noch mitten unter ihnen gelebt hatte.

Das sagt etwas Wichtiges über den Glauben: unser Glaube ist ein Entwicklungsprozeß. Wir können nicht in jedem Alter jede Wahrheit verstehen, und wir können nicht jede Wahrheit in jedem Alter auf die gleiche Weise verstehen. Wir müssen das auch gar nicht. Man muß bestimmte Lebenserfahrungen machen, um bestimmte Dinge überhaupt sehen und begreifen zu können. Jede Alters- und Entwicklungsstufe hat ihren eigenen Zugang zu den Wahrheiten des Glaubens, ihre eigenen Bilder, ihre eigene Sprache. Jeder erkennt an jeder Stelle seines Lebens einen Teil unter einem bestimmten Blickwinkel. Nur die Gemeinschaft aller Glaubenden, die Kirche, trägt wie einen Schatz das *gesamte* Glaubensgut durch die Zeit und holt daraus je nach Bedarf und Fassungsvermögen ihrer Mitglieder Altes und Neues hervor.

Ich will nicht zu lange reine Theorie darlegen. Werden wir gleich wieder ganz praktisch.

In der letzten Betrachtung habe ich Ihnen ein langes Zitat vorgetragen, in dem eine Frau beschrieben hat, wie ihr erster Kinderglaube, der Glaube an den lieben Gott ihrer Mutter, totgedrückt worden ist von den strengen Glaubensprinzipien einer Kindergartenschwester. In seinem Kinderglauben hatte das Kind nachts den Atem des Schutzengels an der rechten Seite seines Bettes geradezu spüren können. Es hatte bildhafte, naive, trostvolle Vorstellungen vom lieben Gott gehabt, wie er als umsichtiger Gärtner die Welt bestellt und im Herbst anfängt, seine himmlische Bäckerei für die Weihnachtsplätzchen anzuheizen.

Als Erwachsener kann man über solche religiöse Vorstellungen lachen. Wenn man es tut, ist man reichlich dumm. Denn natürlich sind das keine Gottesvorstellungen für einen erwachsenen Menschen. Wohl aber sind es gültige, wertvolle Vorstellungen für ein Kind im Vorschulalter. Mancher, der sich besonders gescheit vorkommt, legt jedoch mit solchen kindlichen Vorstellungen über Gott auch den Glauben ab und meint, Glauben sei eine Kinderei. Er verkennt völlig, daß jede Lebensstufe ihren eigenen Zugang zu Gott hat, und daß es darauf ankommt, nicht in seinem Kinderglauben steckenzubleiben oder diesen Kinderglauben mit dem Glauben überhaupt gleichzusetzen und ihn deshalb abzustreifen wie ein zu klein gewordenes Hemd; nein, es kommt darauf an, Stufe um Stufe seinen Glauben weiterzuentwickeln und reifer werden zu lassen.

Aber bleiben wir erst einmal auf der Stufe des Glaubens im Vorschulalter. Die Art dieses Glaubens entspricht der Art, wie das Kind in diesem Alter der Welt und der Wirklichkeit gegenübertreten und wie es sie aufnehmen kann.

Ein vierjähriges Kind ist noch nicht wie ein Erwachsener Herr seiner Gefühle und Impulse. Es nimmt Gefühle und Impulse zunehmend bewußt wahr und versucht, mit ihnen umzugehen, aber es besitzt und kontrolliert sie noch nicht. Zum Beispiel kann man streng genommen nicht sagen: ein Vierjähriger „hat" einen Wutanfall; richtiger wäre die Aussage: der Wutanfall „hat" das Kind.

Positive und negative Gefühle sind auf dieser Lebensstufe noch *Mächte,* die das Kind als solche erfährt. Der Schritt dazu, diese Mächte als lebendige Wesen, als Personen aufzufassen, ist dann nicht weit. Für einen Erwachsenen mag ein bedrohliches Gefühl wie ein Ungeheuer sein; für ein Kind *ist* das bedrohliche Gefühl ein Ungeheuer. Ein Erwachsener mag ein Gefühl der Geborgenheit erleben, als umschlössen ihn gleichsam gütige Hände und zarte Flügel eines unsichtbaren Menschen oder Engels; für ein Kind *ist* das bergende Gefühl ein Schutzengel. Und seine Puppe, sein Kuscheltier und seine Schmusedecke sind für ein Kind lebendige Gefühlswirklichkeiten mit der Qualität von Personen. Ihm diese Personifizierungen nehmen und wegerklären zu wollen, hieße ihm großes Unrecht tun.

Übrigens gibt es in der geistigen Entwicklung der Menschheit entsprechende Stufen: der einzelne Mensch wiederholt im Laufe seines Lebens jene fortschreitende Reifung, die die Menschheit in vielen Jahrtausenden durchgemacht hat. Viele Texte der Bibel, namentlich des Alten Testaments, sind Zeugen von sozusagen kindlichen Frühformen des Glaubensbewußtseins.

Es ist erst zwei- oder gar eintausend Jahre her, daß die Menschen allgemein noch alle guten und bösen Antriebe und Gefühle personifiziert haben als Engel und Teufel, als Dämonen und gütige Geister.

Für ein Kind ist es heute noch notwendig – wie es damals für die Menschheit hilfreich war –, den verschiedenen Gefühlen, Antrieben und Erfahrungen Namen und Gesichter zu geben, sozusagen wie Etiketten und Aufschriften. Dann kann es sie deutlicher erkennen, auseinanderhalten, sortieren und einordnen.

Am genialsten finde ich, wie die Griechen die Grundkräfte und psychischen Konflikte des Menschen in ihren Göttern personifiziert und beschrieben haben.

– Beim Kleinkind, so haben wir in unseren ersten Betrachtungen gesehen, spielt vor allem die *Mutter* die wesentliche Rolle für die Entwicklung seines Lebens- und Glaubensgefühls.

Etwas vereinfacht formuliert, könnte man sagen, daß das Kind nun, im Vorschulalter, in vielfältiger Weise der *väterlich*-fordernden Wirklichkeit begegnet und sich mit ihr auseinandersetzen muß. Je weiter das Kind sich aus der körperlichen Nähe, der Nestwärme und Geborgenheitserfahrung bei der Mutter ins Leben hinaustastet, desto mehr entdeckt es Grenzen und Verbote und Gefahren. Von der Wirklichkeit, und damit auch von Gott, spürt es zunehmend, daß sie nicht nur beschützend und freundlich ist, sondern auch bedrohlich und strafend. Ein Sechsjähriger hat gesagt: „Manchmal kommt mir Gott wirklich freundlich vor, aber manchmal auch böse."

Die Vorstellung von Gott ist beeinflußt von der Vaterbeziehung, die schwankt zwischen Zuneigung und Verehrung auf der einen und Angst und Ablehnung auf der anderen Seite.

Das Kind muß nun in dieser verwirrenden, unsicheren Lage eine klare Orientierungshilfe bekommen. Die besteht nicht in Theorien und moralischen Anweisungen, sondern in Bildern und Geschichten, die ihm helfen, entsprechend seinem Vorstellungsvermögen all das Verwirrende und Vielfältige zu ordnen, was ihm in der Welt begegnet. Zwei wichtige Elemente möchte ich vor allem nennen:

1. Das Kind braucht „Geschenke für seine Vorstellungskraft", das heißt Eindrücke von lebendigen Personen und von Gestalten in biblischen Geschichten und in Märchen, mit denen es sich identifizieren oder von denen es sich absetzen kann;

2. das Kind braucht verläßliche Rituale und Gewohnheiten, um seinen Stand in der Welt, in der Gemeinschaft und im Glauben zu finden.

Ich will heute nur den ersten dieser beiden Punkte ausführlicher besprechen.

Für den Glauben eines Kindes ist es von entscheidender Bedeutung, was es darüber bei den Menschen in seiner unmittelbaren Umgebung beobachtet.

Eine der eindrücklichsten Erfahrungen eines Kindes kann es sein, zu sehen, wie seine Eltern, die es als grandiose, mächtige Figuren erlebt, ihrerseits einem Wesen Ehrerbietung entgegenbringen, das offensichtlich noch größer und mächtiger ist als sie. Wenn die Eltern, die das Kind als mächtig erlebt, vor Gott die Knie beugen und still werden und mit Respekt von ihm sprechen, prägt sich *Gott* als Wirklichkeit tief in die Psyche des Kindes ein.

Es ist also von nachhaltiger Wirkung, ob die Eltern mit dem Kind beten und ihrem Glauben durch Gebetspraxis und Gottesdienstbesuch sichtbaren Ausdruck verleihen oder nicht, und ob Erzieherinnen im Kindergarten und Lehrer und Lehrerinnen in der Grundschule dies ebenfalls vorleben und fortsetzen.

Lassen Sie es mich noch genauer sagen: Für das Kind kommt es auf zweierlei an; zum einen darauf, was die Menschen *tun*, die es liebt und die es nachahmen möchte. Zum anderen bleibt in der Erinnerung haften, was diesen Menschen ihr eigenes Tun *bedeutet*. Das Verhalten als solches, die religiöse Konvention als bloß noch äußerlich beibehaltenes Brauchtum ohne einen spürbaren Ernst und Lebenssinn, ist nicht wirksam und prägend genug. Wenn der Vater die Kinder in die Kirche schickt, aber offensichtlich selber keinerlei innere Beziehung dazu hat, werden die Kinder wahrscheinlich, sobald sie größer werden, auch von der Kirche wegbleiben, weil ihnen der Vater vorgelebt hat, daß ein erwachsener Mensch das nicht braucht, und weil sie sich selbst auch darin bestätigen möchten, endlich erwachsen zu sein.

Das ist das Allerwichtigste: wirkliche, lebendige Personen, an denen sich das Kind orientieren kann.

Als zweites kommen Figuren und Personen hinzu, die in der Phantasie und Vorstellungskraft des Kindes lebendige Wirklichkeit annehmen. Denn wie ich bereits gesagt habe, unterscheidet das Kind auf dieser Stufe noch nicht zwischen Gefühl und Person, sondern personifiziert Gefühle und Erlebnisse.

Es wäre eine falsch verstandene Vernünftigkeit, dem Kind die Vorstellungen vom Schutzengel und von gütigen Geistern und Wesen, die es umgeben, vorzuenthalten. Indem wir ihm von solchen Wesen erzählen, vermitteln wir ihm die *Gefühle* der Geborgenheit und des Eingebettetseins in eine freundliche, menschliche Wirklichkeit, die sich anders kaum vermitteln lassen.

Auch Gestalten aus der Bibel und aus Märchen bieten dem Kind Modelle und Vorbilder, an denen es sich ausrichten kann. Dabei ist für Kinder im Vorschulalter noch eher das Episodische, Typische wichtig, und nicht so sehr eine lange, komplizierte Geschichte; dafür entwickelt es erst später Sinn.

Die Bibel enthält eine Fülle von Symbolfiguren und Geschichten, die für das Kind auf dieser Stufe hilfreich sein können: Adam und Eva, Kain und Abel, Mose und Samuel, Jona, Judit, Ester, die Apostel, Josef und Maria, die Mutter Jesu. Von ihnen erzählen, heißt schon im Kind das Gefühl dafür wecken, daß unser Gott ein Gott ist, der die Menschen ruft und begleitet und mit ihnen etwas Wunderschönes vorhat.

Wichtig beim Erzählen biblischer Geschichten ist, daß wir sie erzählen, ohne allzu rasch eine Moral und eine praktische Nutzanwendung daran zu hängen. Wenn wir miteinander die Geschichten und ihre Bilder einfach auf uns wirken lassen und über ihre Bedeutung staunen, fließt der Sinn unmerklich in uns ein. Entsprechendes gilt von vielen Märchengestalten. Darauf will ich hier nicht weiter eingehen, um nicht zu weitschweifig zu werden. Wohl aber möchte ich noch ein Wort verlieren über die Langzeitwirkungen des Fernsehens, wenn das schon in früher Kindheit ausgiebig genutzt wird. Das ist meist wenig hilfreich, ja eher schädlich und schädigend für die Auseinandersetzung des Kindes mit den bedrohlichen Geheimnissen des Todes, mit bösen Impulsen, mit der Macht und dem Unheimlichen. – Warum?

Weil es wichtig ist, daß einem Kind die hilfreichen Bilder *im Rahmen einer persönlichen Zuneigung* vermittelt werden, die Vertrauen stiftet.

Schon wenn sich Vater und Mutter nicht mehr ans Bett des Kindes setzen und ihm persönlich eine Geschichte erzählen, sondern das einer Erzählkassette überlassen, fällt dieser persönliche Rahmen, der wesentlich ist, weg, und das bedeutet eine Verarmung. Erst recht ist es bedenklich, wenn ein Kind durch ein anonymes Medium einem wüsten Mischmasch von Erzählungen und lebhaften Empfindungen ausgesetzt wird, das ihre Neigung, sich faszinieren zu lassen von Gewalt, „action", impulsiver Zerstörungswut und Tod, hemmungslos ausnützt und ihnen keinerlei Hilfe bietet, all das in ein sinnvolles Ganzes einzuordnen. Kein Wunder, daß zunehmend mehr Kinder, die dem ausgesetzt sind, gewaltige Konzentrations-Unfähigkeit zeigen und offensichtlich nicht mehr in der Lage sind, alles, was sie erleben, auf einen Nenner zu bringen. So wie Kinder beim Gehenlernen anfangs die Hand eines Erwachsenen brauchen, der sie führt, so bedürfen sie auch beim *geistigen* „Gehenlernen" der Stützung durch Menschen, denen sie vertrauen und auf die sie sich verlassen können.

Rituale sind notwendig

Wenn ihr mich liebt, werdet ihr meine Gebote halten. Und ich werde den Vater bitten, und er wird euch einen anderen Beistand geben, der für immer bei euch bleiben soll. Es ist der Geist der Wahrheit, den die Welt nicht empfangen kann, weil sie ihn nicht sieht und nicht kennt. Ihr aber kennt ihn, weil er bei euch bleibt und in euch sein wird. Ich werde euch nicht als Waisen zurücklassen, sondern ich komme wieder zu euch. Nur noch kurze Zeit, und die Welt sieht mich nicht mehr; ihr aber seht mich, weil ich lebe und weil auch ihr leben werdet. An jenem Tag werdet ihr erkennen: Ich bin in meinem Vater, ihr seid in mir, und ich bin in euch. Wer meine Gebote hat und sie hält, der ist es, der mich liebt; wer mich aber liebt, wird von meinem Vater geliebt werden, und auch ich werde ihn lieben und mich ihm offenbaren.

Johannesevangelium 14, 15–21

Es ist ein Jammer, daß wir mit unseren Vorstellungen von Glauben, Religion und Christentum allzuoft in primitiven, äußerlichen Gesichtspunkten steckenbleiben, in Gesichtspunkten von Rechten und Pflichten, von Moral und Traditionen. Selten erreichen wir die Wellenlänge, auf der das Evangelium Joh 14,15–21 „gefunkt" wird. Auf dieser Wellenlänge werden „top"-Erfahrungen ausgestrahlt, „top"-Erfahrungen der Beziehung des Menschen zu Gott, die wir am ehesten in der Liebe zwischen zwei Menschen erleben.

Wenn ich Ihnen sage, um welche Erfahrungen es sich im menschlichen Bereich handelt, werden Sie das mühelos mitvollziehen können. Da ist davon die Rede, daß man jemanden *liebt* und ihn deshalb *erkennt*. Mit „Erkennen" ist ein tiefes inneres Verstehen und Sich-Einfühlen in den anderen gemeint, und tatsächlich: wenn, und eigentlich *nur, wenn* man jemanden liebt, bemüht man sich spontan darum, sich in ihn einzufühlen, ihn zu erkennen und zu verstehen, und man bringt das dann auch ungemein intensiv fertig.

Umgekehrt öffnet sich jemand, der sich geliebt fühlt, für den, der ihn liebt; er „offenbart" sich dem anderen (um das Wort aus dem Evangelium zu gebrauchen) und erschließt ihm Gefühle und Gedanken und Erinnerungen, die er ansonsten verborgen hält vor der Lieblosigkeit und dem Unverständnis der Welt.

Weiter wird gesagt: wenn man jemanden liebt, erfüllt man gern seinen Willen. Es drängt einen dazu, ihm Freude zu machen.

Weiter: wen du kennst, weil du ihn liebst, mit dem bist du immer verbunden. Auch wenn er äußerlich abwesend ist, bleibt er bei dir; mehr noch: er ist *in* dir.

Ja: die Liebe kann ein Stück weit die Grenzen von Raum und Zeit aufheben und ein In-Einander der Liebenden über alle diese Grenzen hinweg schaffen. Du kannst in deinem Zimmer, du kannst in deinem Herzen mühelos eine große Schar Menschen, die du liebst, versammeln, und du hast dabei keinerlei Raum- und Terminprobleme.

Für den ganzen Himmel mit unzähligen Milliarden Menschen braucht Gott deshalb nicht viel Platz;

denn, sagt Jesus: „An jenem Tag werdet ihr erkennen: Ich bin in meinem Vater, ihr seid in mir, und ich bin in euch."

Damit bin ich schon von Erfahrungen menschlicher Liebe auf religiöse Erfahrungen übergegangen.

Das einzig Wichtige, um was es in der Kirche immer wieder gehen muß, ist: daß wir begreifen, wie sehr Gott uns liebt, und daß wir fähig werden, ihn zu lieben. Daraus ergibt sich alles andere wie von allein: Dann offenbart er sich uns; wir lernen ihn kennen; wir erfüllen spontan und aus Liebe seine Gebote.

Mit diesem Gedanken habe ich wieder den Einstieg in das Thema unserer Reihe: „Die Stufen des Glaubensbewußtseins". Es geht uns mit diesem Thema darum, deutlicher zu sehen, wie wir unseren Gott wirklich lieben und in dieser Liebe reifer werden können, und wie wir der kommenden Generation diese Liebe erschließen können. Wir sind bei unseren Betrachtungen noch auf der zweiten von insgesamt sieben Stufen, auf der Stufe des Kindes im Vorschulalter. Auf allen Stufen wird etwas besprochen, was uns alle angeht und bewegt.

Im Alter zwischen zwei/drei und sechs Jahren also ist ein Kind dabei, die Welt seiner Eindrücke und Gefühle zu ordnen und einen Sinn darin zu entdecken. Wir haben in der letzten Betrachtung bedacht, daß das Kind dazu der Hilfe bedarf: einmal durch überzeugende Personen und Gestalten, die in ihm Vertrauen wecken, und zum anderen durch verläßliche Rituale und Gewohnheiten und durch das Setzen sinnvoller Grenzen. Dieses Zweite möchte ich jetzt mit Ihnen etwas ausführlicher bedenken.

Wir könnten jetzt gründlich erörtern, mit welchen festen, regelmäßig wiederkehrenden Gewohnheiten Kinder im Vorschulalter vertraut gemacht und geformt werden können. Aber ich will Ihnen hier keinen Kurs für Kindererziehung geben, sondern eine Besinnung auf unseren Glauben anstellen. Und so möchte ich anders ansetzen.

Alle, deren Kindheit dreißig, vierzig und mehr Jahre zurückliegt, sind damals noch durch religiöse Bräuche und Gewohnheiten geprägt worden, deren Kraft zunehmend erlischt. Mir ist das dieser Tage, bei der letzten Maiandachten, lebhaft zu Bewußtsein gekommen.

An die Maiandachten in meiner Kindheit habe ich noch sehr intensive Gefühlserinnerungen: an das Meer von Blumen und Weihrauch, an die schimmernden Lichter und die weich-melodischen Lieder, an die brechend volle Kirche. Ich kann geradezu noch den Duft riechen und die Bilder sehen und die Klänge hören. Viele von Ihnen werden solche Erinnerungen ebenfalls haben. Die Maiandachten haben zum Erlebnis des Kranzes von Festen und Feiern gehört, der jedes Jahr geschmückt hat; der uns geholfen hat, jedes Jahr in seiner freundlichen Wiederkehr kennen und lieben zu lernen. Das hat schon uns Kinder tief beeindruckt, das hat uns bis in unser Spielen mit selbstgebauten Maialtärchen hinein verfolgt und beeinflußt. Aber das ist vorbei.

Auf Wunsch einiger Gemeindemitglieder haben wir wieder Maiandachten mit den gemütvollen alten Liedern und der früheren Feierlichkeit eingeführt. Die waren am Anfang stark besucht, aber anscheinend war es doch nur ein kurzfristiges schönes nostalgisches Erlebnis, und mit jeder Maiandacht auch in dieser Form wird es wieder leerer in der Kirche. Offensichtlich läßt sich die Vergangenheit nicht mehr wiederherstellen. Ich glaube nicht, daß die ein, zwei Kinder, die verloren und gelangweilt bei der letzten Maiandacht auf den vorderen Stühlen dabei waren, noch jenes intensive Erlebnis mitnehmen, das sich uns seinerzeit eingeprägt hat, in der natürlich damals auch mit Kindern überfüllten Kirche. Denn die *Gemeinschaft* gehört wesentlich zu dieser Art von Erlebnissen.

Ich habe hier nur das Beispiel Maiandacht herausgegriffen, das bestimmt nicht einmal das wichtigste ist. Wir könnten Entsprechendes von jedem unserer Kirchenfeste sagen. Kaum jemand erlebt noch das Kirchenjahr in seinem dramatischen Aufbau von Zeiten der Trauer und Zeiten der Freude, Zeiten der Beschränkung und Zeiten der Fülle. So wie die Düsseldorfer wegen des Orkans im Februar am 19. Mai 1989 ihren Karnevalszug nachgeholt haben, so sind auch wir imstande, bei Bedarf und Lust und Laune alle Tage rund ums Jahr Faschings-, Hochzeits-, Oster-, Weihnachts- und Partystimmung zu produzieren; ab Januar gibt es Ostereier und ab Oktober Weihnachtsgutsle; an Ostern selbst sind die Leute im Hochgebirge beim Gletscher-Skilaufen, und an Weihnachten liegen sie in der Karibik am Strand.

Unser Thema ist heute nicht, den Gründen für all das nachzugehen und Alternativen zu suchen. Unser Thema ist einfacher: Ich will das Bewußtsein dafür schärfen, daß Kinder in einem bestimmten Alter fest wiederkehrende Erlebnisse und Rituale brauchen, um gefühlsmäßig einen Sinn des Lebens zu erspüren. – Was für Rituale bieten wir unseren Kindern heute? Was für Rituale haben wir selber?

Rituale: das sind fest wiederkehrende Gewohnheiten, die man entweder bewußt gestaltet oder die sich spontan einspielen. Wo man aufhört, sie *bewußt* in einem bestimmten Sinn zu gestalten, pendeln sie sich von selber ein, oft mit belanglosem Inhalt, vielleicht aber auch öfter, als wir denken, mit gefährlichen Inhalten. Unsere Kinder nehmen sie wahr und lassen sich von ihnen prägen, ohne daß wir das vielleicht merken. Und so vermitteln wir ihnen unseren Glauben oder Unglauben.

Praktische Beispiele werden Ihnen wieder mehr sagen als die abstrakte Theorie.

Also: Welches Ritual der häuslichen Weihnachts- und Osterfeier wird heute in einer durchschnittlichen bundesdeutschen Familie den Kindern geboten? Ist das Fest geprägt vom Schenken und Beschenken und von der Festesserei, oder von einem tieferen Sinn?

Ich habe einen alten Bekannten, der mit der Kirche nichts mehr am Hut hat und sich vorgenommen hat, alle kirchlichen Feste in der Familie zu mißachten. Also hat er seinen Kindern nichts erzählt von der Weihnachtsgeschichte und nichts von der Auferstehung Jesu oder sonst vom Inhalt eines christlichen Festes. Ferien hatten seine Kinder natürlich trotzdem an den jeweiligen Feiertagen, und am Geschenkemachen kam er auf die Dauer auch nicht vorbei; wenn schon er selber keine Geschenke besorgen wollte, kümmerten sich um so mehr die Großeltern und die Onkel und Tanten darum. Und so spielte sich für seine Kinder um so massiver und einseitiger das Ritual des Geschenkekriegens an jedem Feiertag ein, und nichts anderes darüber hinaus: kein tieferer Sinn, kein Festgedanke.

In zahllosen Familien wird es kaum anders sein. Arme Kinder, arme Menschen!

Was dann noch überkommt als Sinn eines Festes, ist, daß man einen Anspruch hat, wieder viel zu kriegen – und dann wundern sich die Eltern und Großeltern auch noch, wenn ihnen kleine Monster von Materialisten und Egoisten nachwachsen, die bloß noch auf Geld und Geschenke scharf sind! – Liebe Großeltern und Onkel und Tanten, ist euch eigentlich klar, was ihr mit eurer gutgemeinten hemmungslosen Schenkerei in den Seelen eurer Enkelkinder kaputtmacht? Was für einen hohlen, brutalen Materialismus ihr schon in den Kleinkindern heranzüchtet? Wie ihr die Herzen der Erstkommunionkinder vergiftet mit den mehreren tausend Mark, die sie am Fest kassieren und bei der Dankandacht am Abend im Kopf haben, neben denen die schlichte Hostie natürlich nicht anders als armselig wirken kann? Wie schädlich eure Schenkerei ist, wenn sie losgelöst wird vom tieferen Sinn der Weihnachts- oder Osterbotschaft? Wißt ihr selber noch, warum man sich an Weihnachten Geschenke macht? Interessiert euch das selber noch? Vermittelt ihr diesen Sinn euren Kindern und Enkeln? Oder pflegt ihr bloß noch rein materialistische Rituale – und wundert euch dann, wenn später eure Kinder und Enkel nur noch um den Monatsersten rum bei euch auftauchen und sich bloß noch für einen kräftigen Happen von eurer Rente interessieren? Darauf habt ihr sie selber abgerichtet!

Ihr gewöhnt schon den Kleinkindern an, viel zu haben und keine echte Beziehung anzuknüpfen. Ich habe Kinderzimmer von Zwei-, Dreijährigen gesehen, die mit dreißig, vierzig Kuscheltieren, Häschen, Bärchen, Mäuschen, Puppen ausstaffiert waren, abgesehen von dem Kubikmeter teuerster Spielsachen aller Art – lauter Geschenke von Onkeln und Tanten und Opas und Omas, die nicht viel Zeit, aber genug Geld haben. Arme verwirrte Kinder, die gar nicht mehr wissen können, welches Kuscheltier sie besonders mögen sollen, und die womöglich als Erwachsene dann *Menschen* genauso kurzfristig liebhaben und wegwerfen, wie sie es schon mit ihren Stofftieren geübt haben! Wie reich waren da die Kinder, die sich von ihrem einzigen Teddybären über Jahre nicht trennen konnten, bis sein Fell verschlissen und seine Knopfaugen ausgefallen waren!

Und weiter: Wie sehen die täglichen Rituale des Miteinander in euren Familien aus? Wird da noch ein tieferer Lebenssinn vermittelt? Ihr kommt euch vielleicht ungemein vernünftig und zeitgemäß vor, weil ihr auf altmodische Sachen wie Beten mit den Kindern und Geschichtenerzählen vom lieben Gott verzichtet – aber was vermittelt ihr mit euren familiären Gewohnheiten euren Kindern über den Sinn des Lebens und über Gott? Daß der Sinn des Lebens im Geldverdienen und Urlaubmachen und Malochen für Haus, Auto und technischen Heimschnick-schnack aller Art besteht?

Gelegentlich habe ich am Fernseher schon zufällig die Sendung vom „Sandmännchen" mitgekriegt. Das muß natürlich in einer öffentlichen Fernsehanstalt weltanschaulich sehr „neutral" gestaltet sein. Ich war betroffen darüber, mit welch armseligem, blödsinnigem Klamauk da die armen Kinder in den Schlaf verabschiedet werden!

Haben wir ihnen nichts Tiefsinnigeres mehr zu sagen und zu geben? Ist das nicht eine geistige Bankrotterklärung? Dann wundern wir uns, wenn uns eine Generation nachwächst, die nach Drogen und allem möglichen Blödsinn greift, weil sie es nicht mehr aushält in unserer zwar spitze ausstaffierten, aber seelisch toten Welt.

Und weiter: Wie sieht euer familiäres Sonntagsritual aus?

Wenn diese Tage nur mit Sport und Zeitvertreib aller Art ausgefüllt werden: kann das euren Kindern einen Sinn und eine Lebenskraft vermitteln, die sie tragen in Zeiten der Krise und schwerwiegender Entscheidungen und Belastungen?

Und weiter: Wie sieht euer Jahresritual aus? Ist das bloß ein Ritual von Schaffen und Urlaubmachen und Festlesfeiern ohne tieferen Sinn und Inhalt? Ist es nicht armselig, wenn an die Stelle der tiefsinnigen Feste und bewußt gestalteten Zeiten des Kirchenjahrs das Betriebsweihnachtsfestessen, die Silvesterknallerei, der Fasching, der Skiurlaub, die Bundesligazeit, die Freibadzeit, die Sommerfestleszeit, die Fahrt im Stau gen Süden, die Herbstausflugszeit mit

Weinprobe, die Geschenkeinkaufzeit treten – und wenn das alles ist? Es gibt zunehmend mehr neun-, zehnjährige Kinder, die noch nie in ihrem Leben das kirchliche Weihnachtsfest, die Fastenzeit, die Karwoche, Ostern, Himmelfahrt, Pfingsten erlebt haben, weil da ihre Eltern meistens mit ihnen im Urlaub fort sind oder ihr Freizeitprogramm fern jeder Kirche abwickeln.

Kinder brauchen Rituale, die einen tieferen Lebenssinn vermitteln – und wir selber brauchen sie auch.

Der Glaube in der mittleren Kindheit

Geschichten und Bilder, nicht Begriffe und Ideen

Dies sagte Jesus. Und er erhob seine Augen zum Himmel und sprach: Vater, die Stunde ist da. Verherrliche deinen Sohn, damit der Sohn dich verherrlicht. Denn du hast ihm Macht über alle Menschen gegeben, damit er allen, die du ihm gegeben hast, ewiges Leben schenkt. Das ist das ewige Leben: dich, den einzigen wahren Gott, zu erkennen und Jesus Christus, den du gesandt hast. Ich habe dich auf der Erde verherrlicht und das Werk zu Ende geführt, das du mir aufgetragen hast. Vater, verherrliche du mich jetzt bei dir mit der Herrlichkeit, die ich bei dir hatte, bevor die Welt war.

Ich habe deinen Namen den Menschen offenbart, die du mir aus der Welt gegeben hast. Sie gehörten dir, und du hast sie mir gegeben, und sie haben an deinem Wort festgehalten. Sie haben jetzt erkannt, daß alles, was du mir gegeben hast, von dir ist. Denn die Worte, die du mir gegeben hast, gab ich ihnen, und sie haben sie angenommen. Sie haben wirklich erkannt, daß ich von dir ausgegangen bin, und sie sind zu dem Glauben gekommen, daß du mich gesandt hast.

Für sie bitte ich; nicht für die Welt bitte ich, sondern für alle, die du mir gegeben hast; denn sie gehören dir. Alles, was mein ist, ist dein, und was dein ist, ist mein; in ihnen bin ich verherrlicht. Ich bin nicht mehr in der Welt, aber sie sind in der Welt, und ich gebe sie dir.

Johannesevangelium 17, 1–11 a

Vierzig Tage nach Ostern feiern wir „Christi Himmelfahrt". Vierzig Tage nach seiner Auferstehung, so berichtet der Evangelist Lukas in der „Apostelgeschichte", wurde Jesus „vor den Augen seiner Jünger emporgehoben, und eine Wolke nahm ihn auf und entzog ihn ihren Blicken" (Apg 1, 9).

Lukas ist der einzige, der das so plastisch schildert. Der Evangelist Johannes sieht das ganz anders: In Joh 20, 19–23 erzählt er, Jesus sei bereits im Augenblick seines Sterbens in die Herrlichkeit bei seinem Vater eingegangen. Er weiß und erwähnt nichts von einer Himmelfahrt erst nach vierzig Tagen. Die Perikope Joh 17, 1–11 a ist ein Gebet, das der Evangelist Jesus kurz vor seiner Verhaftung in den Mund legt, und er betet: „Vater, die Stunde ist da. Verherrliche deinen Sohn, damit der Sohn dich verherrlicht ... Verherrliche du mich jetzt bei dir mit der Herrlichkeit, die ich bei dir hatte, bevor die Welt war." Weder Johannes will behaupten, Jesus habe das wörtlich selber so gebetet, noch Lukas will allen Ernstes behaupten, was er erzählt, habe geschichtlich genau *so* stattgefunden. Nein, sie haben Überzeugungen, Wahrheiten über Jesus in Bilder und Worte gefaßt, die sie selbst erfunden haben. Johannes ist dabei derjenige, der abstrakter, geistiger vorgeht, während Lukas sehr anschauliche Geschichten formuliert. Ihm verdanken wir auch die

Geschichten von der Verkündigung, Geburt und Kindheit Jesu, die unsere Weihnachtstradition nachhaltig geprägt haben und die niemand von uns missen möchte.

Aber wir haben unsere Schwierigkeiten mit diesen Geschichten. Mit der Weihnachtsgeschichte weniger, weil sie uns jedes Jahr neu rührt und uns daher lieb und teuer ist – und das ist auch ihr Sinn –, aber bestimmt mit anderen Geschichten, etwa mit der Himmelfahrtsgeschichte in ihrer Buchstäblichkeit. Im Mittelalter war man da weniger kritisch und zimperlich; da hat man in Jerusalem sogar einen Fels verehrt, auf dem Jesus seine Fußabdrücke hinterlassen haben soll – sozusagen infolge des Rückstoßes beim Start zur Himmelfahrt. Auf vielen Bildern aus dieser Zeit sind diese Fußabdrücke naiv und geradezu amüsant dargestellt. *Uns* kommt die Vorstellung, Jesus sei wie eine Rakete ins Weltall hinaus gestartet, bizarr vor. Das können und müssen wir nicht glauben. Es ist ein *Bild,* um eine bestimmte Wahrheit über Jesus auszudrücken.

Den meisten von Ihnen wird es nicht wehtun, wenn ich das sage. Weh tun würde es Ihnen eher, wenn ich das von der Weihnachtsgeschichte sagen würde (ich will sie nur noch einmal als bestes Beispiel erwähnen). Wenn ich also sagen würde: Vielleicht ist Jesus weder in Bethlehem, noch in einem Stall, noch in dunkler Nacht geboren: vielleicht sind auch all das *Bilder,* um bestimmte Glaubensaussagen über Jesus zu machen. Um das Thema „Bilder" und „Geschichten" soll es uns bei unserer heutigen Betrachtung gehen. Wir betreten damit die dritte von sieben Stufen unserer Gedanken über die „Stufen des Glaubensbewußtseins."

Diese dritte Stufe läßt sich im Lebenslauf des Menschen in die Zeit der mittleren Kindheit einordnen. Aber wie bei den anderen Stufen auch, ist es möglich, daß Menschen unterschiedlichsten Alters auf dieser Stufe stehen. Trotzdem ist es sinnvoll, die Grade des Glaubensbewußtseins bestimmten Lebensaltern zuzuordnen. Uns kann dann z. B. deutlicher werden, wie unerwachsen und unmündig unser Glaube oft noch ist.

Auf einer bestimmten Stufe seiner religiösen Entwicklung *braucht* der Mensch Bilder und Geschichten. Theoretische, abstrakte Gedanken und Wahrheiten kann er auf dieser Stufe noch nicht aufnehmen. Aber Geschichten und Bilder – Geschichten und Bilder, die er für buchstäblich *wahr* hält (das ist unentbehrlich dabei) –, solche Geschichten und Bilder flößen ihm auf wirksame Weise Einsichten und Wahrheiten ein.

Das gilt vornehmlich für Kinder. Kinder stellen sich alles bildhaft vor und können gar nicht anders denken. Zum Beispiel: Gott sitzt auf einem Thron. Er ist ein Mann. Der Himmel ist ein Saal. Die Engel sind der Hofstaat. Und von da schaut Gott herab auf die Menschen.

Was Kinder an Gott interessiert und welche Art Fragen Kinder über Gott stellen, hat Regine Schindler in ein nachdenklich stimmendes Gedicht umgesetzt (in: Mit Kindern von Gott reden; siehe Literaturnachweis S. 192):

„Mutter, sag doch: Gott, der Herr,
– Ich möcht' es wissen, das ist so schwer –
Ist er ein Geist, eine Pflanze, ein Tier?
Ist er ein König und spielt Klavier?

Mutter, sag doch, ich möchte, ich will
Endlich wissen: Warum ist Gott so still?
Spricht er nur in der Bibel, diesem Buch?
Kommt er nie zu uns zu Besuch?

Mutter, sag doch: Wohnt Gott im Himmel?
Ist dort ein schreckliches Engel-Gewimmel?
Hat er ein Haus, ein Bett und ein Kissen?
Muß er auch essen? Das möcht' ich wissen!

Mutter, sag doch: Was macht Gott heute?
Kennt er wirklich alle Leute?
Ich möchte wissen: Sieht er durch Wände?
Hat er Augen und Ohren, hat er Hände?

Mutter, sag doch: Bringt Gott den Frieden?
Warum streiten sich die Menschen da drüben?
Macht dieser Gott denn wirklich auch Brot?
Sag, Mutter: Ist dieser Gott nie tot?"

Kinderfragen sind das nach einem sehr bildhaft vor-
gestellten Gott, und wir kommen in Verlegenheit, sie
zu beantworten. Aber auch wir Erwachsene werden
nie ohne Bilder auskommen, wenn wir von Gott,
vom Unsichtbaren sprechen wollen. Übrigens gebrauchen wir auch in unserer Alltagssprache ständig
Bilder. Wir sprechen etwa vom Aufstieg einer Firma.
Haben Sie schon einmal eine Firma aufsteigen sehen
wie einen Luftballon oder Hubschrauber? „Aufstei-

gen" ist ein Bild, unter dem man sich etwas vorstellt. Erst recht gilt das von allen religiösen Vorstellungen. Kein Mensch ist so klug, daß er sich Gott oder das Leben nach dem Tod vorstellen könnte, ohne ein Bild zu Hilfe zu nehmen. So hat Gott uns geschaffen.

Wir müssen nur klar sehen und wissen: unsere Bilder sind nicht die Wirklichkeit selbst. Sie sind ein Hinweis auf sie, ein Hilfsmittel. Und auf einer bestimmten Entwicklungsstufe seines Geistes kann man dem Menschen von dieser Wirklichkeit *nur* mit Hilfe von Bildern erzählen. Erst später ist er in der Lage, Bild und gemeinte Wirklichkeit voneinander zu unterscheiden, und er *muß* das dann auch tun, wenn er einen reifen Glauben entwickeln will.

Wir haben früher schon gesehen, daß auch die Menschheit insgesamt eine geistige und religiöse Entwicklung durchgemacht hat.

Die Bibel nun ist eine Sammlung von Lesestücken aus einem Zeitraum von zweitausend Jahren, und die einzelnen Lesestücke sind für Menschen von sehr unterschiedlicher Entwicklung geschrieben. Deshalb findet man in der Bibel sehr kindliche Vorstellungen von Gott, über die wir von unserem heutigen Entwicklungsstand aus nur den Kopf schütteln können. Vor zwei-, dreitausend Jahren werden sie jedoch genau das Richtige gewesen sein für eine Menschheit, die erst ganz langsam das Denken und Fühlen und Sprechen von Gott gelernt hat. Wer das nicht weiß und beachtet, kommt mit der Bibel nicht klar, legt sie – vor allem das Alte Testament – nach einigem Anlesen verwirrt oder geschockt weg oder fängt an, alles buchstäblich als Wahrheit zu nehmen und die unsinnigsten Sachen damit zu „beweisen". Die Bibel erzählt zum Beispiel oft von Gott so, als wäre Gott ein Mensch, und zwar ein *Mann.* Erst allmählich geht uns auf, daß es Unsinn ist, sich Gott als Mann vorzustellen; aber genauso ist es Unsinn, sich Gott als Frau vorzustellen. Gott ist mehr als ein Mensch, ist anders als ein Mensch. Er ist nicht wie ein Mensch auf ein Geschlecht begrenzt. Eigentlich können wir ihn uns gar nicht vorstellen. Weil wir jedoch kaum darauf verzichten können, uns Gott in einem Bild vorzustellen, müssen wir ihn uns dann doch wieder entweder als Mann oder Frau vorstellen, denn ein anderes ernsthaftes Wesen, das *mehr* als ein Mann oder eine Frau wäre, und mit dem wir Gott annähernd vergleichen könnten, kennen wir nicht.

– Sehen Sie, da liegt unser Dilemma. Alle Bilder für Gott sind falsch – aber ohne Bilder können wir ihn uns nicht vorstellen. Also werden in der Bibel Bilder verwendet, die alle falsch sind und doch irgend etwas Richtiges meinen, das sich kaum anders sagen läßt. Und so erzählt die Bibel an vielen Stellen auf kindhafte Weise von Gott: Gott zürnt. Gott knetet Lehm und formt den Menschen daraus. Gott redet. Gott hört. Gott tröstet. Es reut Gott, daß er den Menschen erschaffen hat. Gott hat Arme und Hände, Augen und einen Mund.

Das alles sind kindliche Vorstellungen. Aber wir haben keine andere Möglichkeit, über Gott praktisch etwas zu sagen und unser Leben mit ihm und auf ihn hin zu führen.

Erst recht haben wir keine andere Möglichkeit, unseren Kindern einen Eindruck, eine Vorstellung von Gott zu vermitteln als durch Bilder und Geschichten. Geschichten übrigens, die jetzt, im Grundschulalter, zu längeren, komplizierteren Erzählungen und Handlungen geformt werden können als auf der vorigen Stufe. Obwohl Kinder schon im Vorschulalter Geschichten genießen und stark von ihnen geprägt sind, werden sie erst im Schulalter zu virtuosen Geschichtenerzählern und -erfindern. Sie teilen durch das Erzählen von Geschichten mit, was in ihnen vorgeht und wer sie sind. Jedoch können sie auf dieser Stufe nicht aus dem Fluß ihrer Geschichten und Erfahrungen heraustreten, um über sie nachzudenken und einen übergreifenden Sinn aus ihnen abzuleiten und sich ihres eigenen Selbst bewußter zu werden.

Für Kinder sind Begriffe wie „Seele" rätselhaft. Ein Vater wollte seiner vierjährigen Tochter auf kindhafte Weise erklären, was die „Seele" ist: „Seele ist, was dir wehtut, wenn dein Bruder geschlagen wird." Antwort des Kindes: „Aber das tut mir doch gar nicht weh!"

Das war eine ehrliche Antwort. Das seelische Bewußtsein bildet sich erst im Laufe des Heranwachsens. Es ist nicht von vornherein da. So sind Geschichten in diesem Lebensalter das Mittel, die Seele zu bilden und sich Vorstellungen über Gott, sich selber und das Leben zu formen.

Was das Kind naiv vor sich sieht, wird dann für den Erwachsenen zum Ausgangspunkt für ein tieferes Nachdenken.

Der Erwachsene muß es lernen, die Bilder und Geschichten nach ihrer Art und ihrem Wahrheitsgehalt

zu unterscheiden, wenn er nicht mit seinem Kinderglauben seinen ganzen Glauben verlieren will.

Für das Kind ist kein Unterschied zwischen der
Welt, in der der Osterhase, das tapfere Schneiderlein, das Christkind und Gott der Vater leben. Aber
es wird an einen Punkt kommen, an dem ihm der
Osterhase lächerlich wird, das tapfere Schneiderlein
langweilig und das Christkind kindisch, und an dem
sich entscheidet, ob es mit all den kindlichen Geschichten auch Gott zu den Fabeltieren rechnen
wird. Vielleicht kann man drei Arten von Wahrheit
unterscheiden: 1. die Wahrheit des Spiels, 2. die
Wahrheit des Märchens oder der Legende und 3. die
Wahrheit des Glaubens.

Der Osterhase ist ein Spiel.

Jeder muß oder darf wissen, daß es ihn nicht gibt,
und trotzdem bringt er uns Eier zu Ostern. Ein
Sechsjähriger, der den Osterhasen entlarvt, kann
leicht dazu gebracht werden, das Spiel weiterzuspie-
len und es seinem vierjährigen Schwesterchen nicht
zu verderben. Das Spiel ist ja nicht Betrug, sondern
eben Spiel. Das tapfere Schneiderlein ist eine Mär-
chenfigur wie auch das Rotkäppchen und der Wolf.
Für Kinder sind sie so wirklich wie das Haus oder
der Bauklotz. Für ältere Kinder verlieren sie ihren
Sinn. Erst der Erwachsene kann dahin kommen, den
tiefen Sinn dieser Märchenfiguren zu erkennen, die
ja Wahrheiten über das menschliche Leben aussagen, die man der Kindergeschichte zunächst nicht
ansieht. Und dann die Wahrheiten des Glaubens. Da
stehen in den Kirchen die großen Bilder, wie Christus auf einem Regenbogen sitzt, als der Herrscher

über die sichtbare und die unsichtbare Welt. Natürlich stellt sich niemand ernsthaft vor, Christus sitze auf einem Regenbogen. Und dennoch liegt in diesem Bild eine Wahrheit, die anders als im Bild nicht erklärt, gezeigt und gedeutet werden kann. Das Kind versteht es. Der Erwachsene begegnet im Bild der Wahrheit Gottes und der Wahrheit über sich selbst. Das Kind aber ganz allmählich dahin zu führen, daß es unterscheiden lernt zwischen Spiel, Märchenwelt und Glaubenswahrheit, das ist eine Aufgabe für die Eltern durch eine lange Reihe von Jahren. Und zuerst müssen die Eltern selbst diesen Unterschied sehen und lernen.

Eine naive Moral

Für Elisabet kam die Zeit der Niederkunft, und sie brachte einen Sohn zur Welt. Ihre Nachbarn und Verwandten hörten, welch großes Erbarmen der Herr ihr erwiesen hatte, und freuten sich mit ihr. Am achten Tag kamen sie zur Beschneidung des Kindes und wollten ihm den Namen seines Vaters Zacharias geben. Seine Mutter aber widersprach ihnen und sagte: Nein, er soll Johannes heißen. Sie antworteten ihr: Es gibt doch niemand in deiner Verwandtschaft, der so heißt. Da fragten sie seinen Vater durch Zeichen, welchen Namen das Kind haben solle. Er verlangte ein Schreibtäfelchen und schrieb zum Erstaunen aller darauf: Sein Name ist Johannes. Im gleichen Augenblick konnte er Mund und Zunge wieder gebrauchen, und er redete und pries Gott. Und alle, die in jener Gegend wohnten, erschraken, und man sprach von all diesen Dingen im ganzen Bergland von Judäa. Alle,

die davon hörten, machten sich Gedanken darüber und sag-
ten: Was wird wohl aus diesem Kind werden? Denn es war
deutlich, daß die Hand des Herrn mit ihm war.

Das Kind wuchs heran, und sein Geist wurde stark. Und
Johannes lebte in der Wüste bis zu dem Tag, an dem er den
Auftrag erhielt, in Israel aufzutreten.

Lukasevangelium 1,57–66.80

Johannes der Täufer ist der Prophet, der unmittelbar
vor Jesus aufgetreten ist; daher wird er als der „Vor-
läufer" bezeichnet, als der „Wegbereiter". Die Lebensaufgabe des Johannes hat darin bestanden, von
sich selbst wegzuweisen auf den Kommenden hin,
auf Jesus. Oft wird er dargestellt, wie er mit ausge-
strecktem Arm und Zeigefinger auf das „Lamm Gottes", auf Jesus, zeigt.

Von Johannes dem Täufer heißt es im Evangelium: „Er wuchs heran, und sein Geist wurde stark."
Um genau dieses Wachstum im Geist soll es bei unseren Überlegungen über die „Stufen des Glaubensbewußtseins" gehen.

Damit wir wieder den Faden haben, will ich kurz
und knapp einige Grundgedanken über die Entwicklung unseres Glaubensbewußtseins wiederholen,
die wir uns bereits im Laufe von sieben Betrachtungen vor Augen geführt haben.

Wir haben zunächst betrachtet, wie der Glaube in
einem grundlegenden Sinn als Lebensgefühl, als
Vertrauen ins Leben, als Erfahrung von Gnade bereits im Mutterschoß und im Kleinkindalter grundgelegt wird, und zwar durch die Gefühle und durch

die Zuwendung, die das Kind namentlich von Mutter und Vater in dieser Zeit erfährt.

Geborenwerden bedeutet Hinausgestoßenwerden aus dem vertrauten, bergenden Schoß in die unbekannte, unheimliche Kälte des Lebens, und es ist wichtig, die Erfahrung zu machen: du wirst aufgefangen, du wirst nicht alleingelassen, du bist willkommen und geborgen und umsorgt von einer aufmerksamen Liebe.

Wem diese Ur-Erfahrung in der frühen Kindheit nicht geschenkt wird, der wird sich sein Leben lang und auch im Sterben schwer tun, sich voll Vertrauen und Zuversicht auf Neues, Unbekanntes einzulassen und zu glauben, daß unser Leben begleitet und getragen ist von der Sympathie eines gnädigen Gottes.

Dann haben wir gesehen, wie ein gutes, naives Gefühl für Gott im Kind zerstört werden kann und in vielen von uns tatsächlich zerstört worden ist dadurch, daß man uns von einem strengen Aufpasser-Gott erzählt hat, der uns zwingt, brav und anständig zu sein.

Wir haben ferner bedacht, daß das Kind verläßliche Vorbilder und Rituale braucht, um seine Welt, und damit auch seine Glaubens- und Gefühlswelt, sinnvoll ordnen zu können. Mehr als alle Worte ist dabei das Vorbild der Eltern und anderer Personen wichtig, auf die das Kind in Verehrung schaut und die es spontan nachahmt.

Wir haben weiter gesehen, wie die Bibel, und namentlich das Alte Testament, viele Bilder und Geschichten enthält, die uns Erwachsenen nicht mehr entsprechen, weil unsere religiösen und moralischen Vorstellungen inzwischen weiterentwickelt sind; wohl aber sind diese Bilder und Geschichten hilfreich, eine kindgemäße Vorstellung von Gott auszubilden. Das Kind kann und muß alle diese Geschichten und Bilder buchstäblich so glauben, wie sie dastehen, damit sie ihre tiefe Prägekraft auf das Gemüt ausüben können.

All das bisher Gesagte ist nicht nur wichtig für Kinder und für solche, die Kinder in den Glauben hineinführen wollen. Jedem, ganz gleich, wo er steht, wie alt er ist und wie sein Glaubensbewußtsein aussieht, wollte ich damit deutlich machen: das, was wir glauben, und die Art, wie wir glauben, ist, wenn es gut geht, ständigen Wandlungen unterworfen. Der Glaube eines Schulkindes ist von ganz anderer Art als der Glaube eines Jugendlichen oder eines jungen Erwachsenen oder eines Menschen in der Lebensmitte oder eines älteren Menschen – oder sollte es jedenfalls sein. Zahllose Fünfzigjährige sind jedoch auf dem religiösen Bildungs- und Bewußtseinsstand von Schulkindern stehengeblieben. Kein Wunder, daß sie mit diesem „Glauben" nicht mehr viel anfangen können und ihn entweder verachten oder große Schwierigkeiten mit ihm bekommen.

Jedem ist klar, daß er im heutigen Berufs- und Wirtschaftsleben keine Chance mehr hätte, wenn er über sein Grundschul-Einmaleins hinaus nichts mehr dazugelernt hätte. Aber merkwürdig: was die Fragen nach dem Sinn des Lebens und nach Gott und Zeit und Ewigkeit betrifft, meinen viele Menschen, da genügten ihre paar Grundschul-Erinnerungen. In Wirklichkeit bedarf auch unser Glaube einer ständigen Weiterbildung und Reifung.

Das will ich uns jetzt am Beispiel unserer Moralvorstellungen vor Augen führen.

Wir stehen mit unseren Betrachtungen noch auf der dritten von sieben Stufen des Glaubensbewußtseins: auf der Stufe der Glaubens in der mittleren Kindheit. In der letzten Betrachtung haben wir bedacht, daß Kinder in diesem Alter noch nicht die Bilder und die damit gemeinte Wirklichkeit auseinanderhalten können. Sie nehmen eine Geschichte, wie sie ist, und fragen nicht: Was für ein Sinn, was für ein Gedanke soll mir damit nahegebracht werden? Die „Moral von der Geschicht" fließt unbewußt in das Kind ein über die Gefühle, die die Geschichte weckt. Erst wir Erwachsene können uns vor Augen halten: Die Geschichte ist erfunden, um die und die Wahrheit in ein Bild zu kleiden.

Wenn Ihnen das klargeworden ist, werden Sie mit sehr vielen biblischen Geschichten keine Probleme mehr haben. Sie werden merken, daß es Unsinn ist, sich darüber zu streiten, ob das alles tatsächlich *so* geschehen ist; und es wird Ihnen klar werden, daß es ausgesprochen dumm ist, wegen unglaublicher Geschichten unseren Glauben für unglaubwürdig zu halten oder gar zu verspotten. Für einen vernünftigen Menschen und Glaubenden ist die Frage: „War das wirklich so?" uninteressant und unergiebig. Ihn interessiert die Frage: „Welche Wahrheit soll mir damit gesagt werden?"

Auf einer weiteren Entwicklungsstufe des Glaubens übrigens, die wir später ausführlich betrachten werden, findet der Mensch dann zu einer Art „zweiter Naivität" zurück, weil er zunehmend merkt: Bilder und Symbole geben mir mehr und dringen tiefer in mich ein als Gedanken und vernunftmäßige Überlegungen. Dann liest er wieder gern Geschichten und betrachtet Bilder und versenkt sich darin und wird davon bereichert und vertieft. Aber so weit sind wir im Augenblick noch nicht.

Wie gesagt, wollen wir jetzt kurz die Entwicklung unserer Gottesvorstellung unter dem Gesichtspunkt der *Moral* betrachten. Leider bleiben auch da viele Menschen auf einem kindlichen Stadium stehen, in einem naiven Gesetzesdenken, in unrealistischen Gut-Böse- und Schwarz-Weiß-Vorstellungen.

Bei Schulkindern entspricht das ihrer Entwicklungsstufe, Erwachsene sollten darüber hinaus weitergereift sein.

Um deutlich zu machen, um welches brisante Thema es hier geht, will ich zunächst vorgreifen auf eine höhere, ja wohl die höchste Entwicklungsstufe des Glaubensbewußtseins.

Der Mystiker Meister Eckhart hat in einer Predigt gesagt: „Gott ist weder Sein noch Gutheit; Gutheit haftet am Sein und reicht nicht weiter als das Sein ... Gott ist nicht gut noch besser noch allerbest. Wer da sagte, Gott sei gut, der täte ihm ebenso Unrecht, wie wenn er die Sonne schwarz nennen würde" (Deutsche Werke I, 463).

Damit will Meister Eckhart sagen: Gott geht über das Gute, wie wir es in den Kreaturen verwirklicht finden, unendlich weit hinaus. Gott ist geheimnisvoll anders – ganz anders, als wir ihn uns vorstellen, wenn wir ihn uns nach menschlichen Maßstäben vorstellen.

Auch im Neuen Testament gibt es viele Stellen, die zeigen, daß Gott *anders* gut ist, als wir Menschen es sind – oder vielleicht überhaupt nicht in unserem Sinn „moralisch", sondern geradezu „unmoralisch" handelt. Das bringt eine allzu einfache, naive Gottesvorstellung völlig durcheinander.

In der Bergpredigt heißt es: Gott „läßt seine Sonne aufgehen über Bösen und Guten, und er läßt regnen über Gerechte und Ungerechte" (Mt 5,45).

Jesus war ein „Freund der Zöllner und Sünder", der „Fresser und Säufer" (Mt 11,19) und hat nur *eine* Art Menschen fast aggressiv angegriffen: die moralisch Strengen, die Gesetzestreuen, die gewissenhaft Frommen.

Er hat eine ganze Reihe „unmoralischer" Gleichnisse erzählt, zum Beispiel das vom davongelaufenen Sohn, der sein Vermögen verjubelt und dann, als er abgebrannt und elend heimkommt, mit einem Freudenfest begrüßt wird, während sein Bruder, der immer treu und fleißig daheimgeblieben ist, als sturer Trottel dargestellt wird (Lk 15,11–32).

Oder das Gleichnis von den Arbeitern im Weinberg: wer vom frühen Morgen an geschuftet hat, bekommt keinen Pfennig mehr als der, welcher sich erst am Spätnachmittag noch ein Stündchen betätigt hat, und es heißt: „Die Letzten werden die Ersten sein" (Mt 20,1–16).

Oder das Gleichnis vom schlauen Verwalter, der Geld und Gut seines Herrn veruntreut, um sich damit gute Freunde zu machen – und Jesus lobt diese Betrügerei (Lk 16, 1–8).

Oder die Geschichte vom Verbrecher am Kreuz, dem Jesus ohne jede Strafe oder Abrechnung verspricht: „Heute noch wirst du mit mir im Paradies sein" (Lk 23, 43).

Alle diese und noch etliche andere Stellen sind im Grunde reichlich demoralisierend und widersprechen unserer landläufigen Vorstellung von Gerechtigkeit und Gutsein. Tatsächlich ist Jesus verurteilt und hingerichtet worden, weil er solche „unmoralischen" Prinzipien verkündet und die stabile Gottes-Vorstellung und die Ordnung seiner Religion zerrüttet hat.

Wie ist das nun eigentlich: belohnt Gott die Guten und bestraft er die Bösen – oder tut er das nicht?

Wir möchten gerne, daß er das täte; unser menschlicher Gerechtigkeitssinn fordert das.

Aber wenn wir realistisch um uns schauen, müssen wir zugeben: er tut es tatsächlich *nicht*. Warum geht es so vielen Guten so schlecht und so vielen Schlechten so gut? Warum müssen hervorragende Menschen jung sterben, und Gauner und Ausbeuter werden steinalt? Das sind doch Fragen, die uns immer wieder bedrängen. Da verstehen wir Gott nicht.

Bleibt noch der Trost, daß der Ausgleich sicher im *Jenseits* hergestellt werden wird: daß da die Schlechten in der Hölle die Strafe erleiden und die Guten im Himmel ihren Lohn erhalten und genießen werden. – Wird es wirklich so sein? Die gerade erwähnte Geschichte vom Verbrecher neben Jesus am Kreuz und auch andere Stellen lassen vermuten, daß Gnade vor

Recht ergehen wird und dann anscheinend diejenigen, die gewissenhaft gelebt haben, doch die Dummen sind. – Reichlich demoralisierend!

Das will ich jetzt nicht weiter diskutieren oder gar genau klären. Ich will hier im Augenblick nur eine Ahnung davon geben, daß Gott ziemlich anders ist, als wir ihn uns gewöhnlich und kindlich vorstellen. Er ist unbegreiflich. Das werden wir später noch ausführlich betrachten müssen. Aber kommen wir jetzt zum Glaubensbewußtsein von Schulkindern.

Die müssen erst einmal Grundbegriffe der Moral und der Unterscheidung zwischen Gut und Böse lernen.

Sie können sich vorstellen, daß das so ist, wie wenn ein Künstler ein Bild skizziert. Zunächst macht er ganz grobe, plumpe Umrisse, um die Bildfläche einzuteilen. Dann arbeitet er das Bild immer feiner aus, füllt es mit zarten Strichen und Farben und löst damit womöglich am Schluß die groben, plumpen Umrisse völlig auf – und das endgültige, lebendige Bild steht vor unseren Augen.

Kinder im Grundschulalter lernen religiös und moralisch die groben, plumpen Umrisse. Das ist unerläßlich, damit das Bild entstehen kann. Aber wer nicht weitermalt, kann mit diesen primitiven Grundlinien später im Leben kaum mehr etwas anfangen, ja sie werden geradezu falsch.

Die Moral von Kindern ist einfach, ist äußerlich, ist formalistisch und zweckbedingt. Sie gehorchen, weil sie wissen: Sonst werde ich bestraft; sonst verliere ich die Sympathie von Vater und Mutter. Wenn ich gehorche, geht es mir gut; wenn ich nicht gehorche, geht es mir schlecht. Außerdem sind Erwachsene Autoritäten – und Autoritäten muß man gehorchen, weil man als der Schwächere im Konfliktfall doch den kürzeren zieht. Das kann einhergehen mit recht geschickten Manövern des Sich-Durchschwindelns oder des Manipulierens der Erwachsenen. Kinder sind oft recht erfinderisch, wenn es darum geht, Mittel und Weg zu finden, die Erwachsenen zu ihren Gunsten auszutricksen. Und fast alle Kinder lügen mehr oder weniger oft, nicht selten aus einer Art Notwehr und Überlebenstechnik, um sich als die Schwächeren gegenüber den starken Erwachsenen zu behaupten – gelegentlich wahrscheinlich sogar zu Recht.

Diesem Lebensgefühl entspricht wiederum eine Vorstellung von *Gott:* Auch Gott stellen sich Kinder nach Art eines strengen, mächtigen, aber gerechten Elternteils oder Herrschers vor. Er belohnt die Menschen, wenn sie richtig handeln; er bestraft sie, wenn sie falsch handeln. Bist du anständig, geht es dir gut, bist du nicht anständig, gibt es Zoff: Folglich bist du lieber anständig.

Manche Sünde kommt dir wunderschön und verlockend vor – aber du läßt lieber die Finger davon, denn du mußt es ja dann doch teuer bezahlen. Das ist eine sehr kindliche, unreife Form der Vorstellung von Gott, von Moral und von Leben.

Für Kinder auf einer bestimmten Entwicklungsstufe ist sie hilfreich, um die groben Grundlinien des Sinngefüges von Glauben, Welt und Moral zu lernen.

Aber es scheint, viele Erwachsene kommen nicht

weit darüber hinaus – und da wird es dann fragwür-
dig. Eine derart kindische Moral und Lebenseinstellung ist ernsthafter, intelligenter Menschen unwürdig.

Wandlungen
der allzu einfachen Vorstellungen

*Denn mit dem Himmelreich ist es wie mit einem Gutsbesit-
zer, der früh am Morgen sein Haus verließ, um Arbeiter für
seinen Weinberg anzuwerben. Er einigte sich mit den Arbeitern auf einen Denar für den Tag und schickte sie in seinen
Weinberg. Um die dritte Stunde ging er wieder auf den
Markt und sah andere dastehen, die keine Arbeit hatten. Er
sagte zu ihnen: Geht auch ihr in meinen Weinberg! Ich
werde euch geben, was recht ist. Und sie gingen. Um die
sechste und um die neunte Stunde ging der Gutsherr wieder
auf den Markt und machte es ebenso. Als er um die elfte
Stunde noch einmal hinging, traf er wieder einige, die dort
herumstanden. Er sagte zu ihnen: Was steht ihr hier den
ganzen Tag untätig herum? Sie antworteten: Niemand hat
uns angeworben. Da sagte er zu ihnen: Geht auch ihr in
meinen Weinberg. Als es nun Abend geworden war, sagte
der Besitzer des Weinbergs zu seinem Verwalter: Ruf die
Arbeiter, und zahl ihnen den Lohn aus, angefangen bei den
letzten, bis hin zu den ersten. Da kamen die Männer, die er
um die elfte Stunde angeworben hatte, und jeder erhielt einen
Denar. Als dann die ersten an der Reihe waren, glaubten
sie, mehr zu bekommen. Aber auch sie erhielten nur einen
Denar. Da begannen sie, über den Gutsherrn zu murren,
und sagten: Diese letzten haben nur eine Stunde gearbeitet,*

und du hast sie uns gleichgestellt; wir aber haben den ganzen Tag über die Last der Arbeit und die Hitze ertragen. Da erwiderte er einem von ihnen: Mein Freund, dir geschieht kein Unrecht. Hast du nicht einen Denar mit mir vereinbart? Nimm dein Geld und geh! Ich will dem letzten ebensoviel geben wie dir. Darf ich mit dem, was mir gehört, nicht tun, was ich will? Oder bist du neidisch, weil ich (zu anderen) gütig bin? So werden die Letzten die Ersten sein.

Matthäusevangelium 20,1–16a

Matthäus 20,1–16a ist eines der Gleichnisse Jesu, von denen ich in der vorigen Betrachtung gesagt habe, daß es zu den „unmoralischen" Gleichnissen Jesu gehört und daß es davon eine ganze Anzahl gibt. Wir sind darauf zu sprechen gekommen, weil wir gerade bei unseren Betrachtungen über die „Stufen des Glaubensbewußtseins" auf der dritten Stufe stehen, beim Glauben von Grundschulkindern. Wir haben uns dabei klargemacht, daß Kinder in diesem Alter erst einmal die groben Linien einer moralischen Vorstellung von Gott und vom Leben lernen müssen, und zwar zunächst einmal sehr äußerlich und schematisch.

Kinder sind noch nicht in der Lage, ihr eigenes Inneres zu durchschauen, also den Ursprung ihrer Wünsche, ihre Motivationen, die Struktur ihrer Persönlichkeit zu erkennen. Und weil sie das bei sich selber noch nicht können, können sie das auch nicht bei anderen Menschen. Kinder erleben die Personen, mit denen sie zu tun haben, als abgerundete, sich bewegende und verhaltende Oberflächen; vom

Inneren der Menschen wissen sie wenig. Sie teilen sie recht äußerlich in Gute und in Böse ein und vertreten die Auffassung, die Guten gehörten belohnt und die Bösen gehörten bestraft. Dazu kommen noch ein paar andere einfache Faustregeln: „Wie du mir, so ich dir." „Jedem, wie er's verdient." „Wer nicht hören will, muß fühlen." „Tust du mir was Gutes, tue ich dir was Gutes" usw.

Kinder prüfen nicht aus innerem Abstand ihre Impulse und Motive, ihre Wünsche und Interessen; nein: sie *sind* diese Wünsche und Interessen, und sie sehen die ganze Welt vom Blickwinkel ihrer unbedachten Interessen aus. Oft scheinen sie geschickt so zu handeln, daß unser Verhalten und unsere Reaktionen ihren Interessen, Bedürfnissen und Wünschen nützen. Gelegentlich haben wir das Gefühl, sie manipulierten und hauten uns übers Ohr, wenn sie wieder so lange nörgeln, bis sie doch ihren Wunsch erfüllt bekommen.

Dem entspricht eine bestimmte Vorstellung von Gott, haben wir in der letzten Betrachtung gesehen: Auch Gott wird als gerechter Vater vorgestellt, der Bravsein belohnt und Ungehorsam straft, der sauber jedem seine Belohnung nach Verdienst zuteilt und den ich mit Bitten und Betteln und Liebsein rumkriegen kann, wenn nicht ein Wunder zu wirken, so doch jedenfalls das zu tun, was ich gern von ihm hätte.

Diese Vorstellung, dieses Verhalten und diese Moral sind schön und gut für Kinder in einem bestimmten Alter. Sie müssen die allerersten Grundstrukturen und Orientierungslinien im Leben lernen; aber für erwachsene, reife Menschen ist das zu wenig. Das will ich jetzt illustrieren anhand des Evangeliums Mt 20,1–16a.

In einer Untersuchung wurden Menschen verschiedenen Alters darüber befragt, wie sie dieses merkwürdige Gleichnis verstehen.

Ich zitiere hier zunächst das Gespräch mit einem *siebenjährigen Mädchen* (A).

I(nterviewer): Warum wohl hat Jesus diese Geschichte erzählt?

A: Daß man denen, die mehr gearbeitet haben, daß man denen mehr Lohn gibt.

I: Und warum wohl das?

A: Die, die mehr arbeiten, die bekommen auch mehr.

Wir sehen, das Kind vertritt das einfache moralische Prinzip, das Oberflächen vergleicht und „gerecht" einordnet.

I: Würde Gott auch so handeln wie der Weinbergbesitzer?

A: Nein.

I: Und warum nicht?

A: Weil es nicht recht ist.

I: Was wäre dann recht?

A: Wenn man denen, die mehr gearbeitet haben, auch mehr gibt.

I: Können wir etwas lernen von der Geschichte?

A: Ja.

I: Und was meinst du?

A: Nicht unrecht sein.

I: Und warum nicht?

A: Weil der liebe Gott dann keine Freude hat.

I: Jetzt noch einmal: Könnte der Weinbergbesitzer wie der liebe Gott sein?

A: Nein.

I: Und warum nicht?

A: Weil er nicht gleich ist wie der liebe Gott, er sieht nicht aus wie der liebe Gott. Und der Mann hat allen gleich viel Geld gegeben, und der liebe Gott gibt denen, die mehr gearbeitet haben, mehr Geld.

I: Und warum gibt er denen mehr Geld?

A: Weil sie einfach mehr gemacht haben.

Wir sehen, für das Kind auf dieser Stufe ist es völlig unmöglich, die Gleichsetzung von Gott und Weinbergbesitzer herzustellen. Das Kind hat einfache und klare Moralvorstellungen, mit denen es die Menschen rein äußerlich einordnet und an die sich seiner Auffassung nach auch Gott unbedingt hält.

Ein *elfjähriges Mädchen* (B) reagierte noch genauso:

I: Was kann Gott alles machen?

B: Er kann einem helfen, aber man muß dazu auch einen eigenen Willen aufbringen, und man soll manchmal auch ein bißchen Geld ins Opfersäcklein werfen, daß man selber also auch etwas hilft.

I: Und wenn man das nicht macht für Gott?

B: Dann hilft er halt auch nicht viel.

Damit vertritt das Kind die Möglichkeit, daß der Mensch mit „guten Taten" auf Gott einwirken kann. Was war die Ansicht der Elfjährigen?

I: Warum hat wohl Jesus die Geschichte von den Arbeitern im Weinberg erzählt?

B: Vielleicht will er auch wieder etwas zeigen, was wir besser machen können.

I: Und was könnte er uns da zeigen?

B: Vielleicht auch, wenn wir jemanden in der Lehre haben, daß man dem einen Stundenlohn gibt. Daß man also nicht einigen nur ganz wenig und den anderen ganz viel gibt.

I: Und wenn ich dir jetzt sage, der Weinbergbesitzer ist ein Bild für Gott: Er würde in einem übertragenen Sinn auch so handeln wie der Herr – was würdest du da sagen?

B: Das stimmt sicher nicht. Gott hätte einen Stundenlohn gegeben, allen den gleichen.

I: Und warum?

B: Er hätte gewollt, daß alle den gleichen Lohn haben für die Stunden, die sie arbeiten.

I: Handelt Gott nun eigentlich so oder nicht?

B: Er sieht darauf, daß es gerecht zugeht und daß alle das bekommen, was sie auch verdienen.

Also auch hier prallt das Anliegen des Gleichnisses völlig ab an den einfachen, soliden Moralvorstellungen des Kindes. Das Mädchen war in keiner Weise bereit, von *seiner* Deutung abzuweichen, auch nicht nach Versuchen des Befragers, ihm einen anderen Sinn zu erschließen.

I: Aber schau jetzt einmal: Diese Geschichte will eigentlich zeigen, daß Gott lieb ist, daß er mehr gibt, als er geben müßte. Der Herr des Weinberges hätte ja auch nicht so viel geben müssen. Er hätte den letzten auch nur zehn Mark geben können, aber er hat ihnen einfach mehr gegeben, weil er sie gern gehabt hat. Und so handelt auch Gott. Was meinst du dazu?

B: Es ist einfach nicht recht. Er hätte am Morgen schon sagen können, daß es einen Stundenlohn gibt. Und die vom Morgen, die hat er einfach nicht gern. Denen müßte er auch mehr geben. Es ist einfach nicht recht.

I: Aber wenn man diese Geschichte jetzt als ein Bild anschaut, als einen Vergleich, daß Gott gütig ist zu den Menschen?

B: Das ist nicht wahr: Die Geschichte will einfach, daß man es besser machen könnte als der Herr des Weinbergs, es ist einfach ein Beispiel, wie man es nicht machen sollte.

Wir sehen, das Kind ist festgelegt auf Prinzipien von genauer rechnerischer Gerechtigkeit, von Lohn und Strafe, von „Wieviel du leistest, soviel kriegst du" usw.

Eine *Fünfundzwanzigjährige* (C) rang dem Bibeltext den Sinn ab, darin stecke die Aufforderung, nicht neidisch zu sein wie die ersten Arbeiter.

I: Was wollte Jesus wohl mit dieser Geschichte?

C: Wahrscheinlich wollte er sehen, wie die Menschen sind, er wollte sie prüfen.

I: Welche Menschen?

C: Eben diese Leute. Oder er wollte einfach prüfen, wie sie miteinander umgehen, ob sie Streit bekommen oder neidisch sind, oder ob sie zufrieden sind.

Ein anderer *Fünfundzwanzigjähriger* (D) war in seinem religiösen Bewußtsein schon auf jene Stufe gelangt, auf der der Mensch Gott gegenüber Autonomie, also einen Eigen-Raum, beansprucht, in den Gott nicht eingreift (diese Stufe werden wir erst später genauer betrachten). Konsequenterweise deutet er von da her das Gleichnis Mt 20,1–16a ganz anders.

I: Und was wollte Jesus mit dieser Geschichte wohl aussagen?

D: Eben das, was ich schon erwähnt habe, daß man jederzeit die Möglichkeit hat, wenn man einen bestimmten Ruf verspürt in die Kirche oder in die religiöse Gemeinschaft, daß man da also eintreten kann, wann man will.

I: Was liest du als das Wichtigste aus diesem Text heraus?

D: Bei diesem Gleichnis sehe ich es einfach so, daß man jederzeit sein Leben ändern kann ... um drei Uhr, fünf Uhr, also übertragen jetzt auf das Leben ...

Dieser Fünfundzwanzigjährige sieht also, entsprechend seinem religiösen Bewußtsein, als springenden Punkt des Gleichnisses an, daß man jederzeit im Leben frei über seine religiöse Einstellung verfügen kann und immer die Chance von Gott bekommt. Anders als die vorhin Zitierten faßt er das Gleichnis nicht mehr als Mahnung auf.

Eine *Dreiundzwanzigjährige* (E) erinnert sich noch, wie sie als Schülerin im Religionsunterricht diese Geschichte ungerecht gefunden hatte und nicht bereit war, sie mit Gott in Verbindung zu bringen. Zur Zeit der Befragung aber bejahte sie das Gleichnis und las, entsprechend ihrer religiösen Optik, in die Arbeiter Selbstverantwortung und Eigen-Engagement hinein.

I: Was könnte der tiefere Sinn der Geschichte sein, von dir aus gesehen?

E: Der tiefere Sinn ist für mich der, daß es darum geht, daß die Arbeiter zu einem Dienst entgegenkommen und dazu selber bereit sind, daß sie selber etwas machen wollen, daß sie sich engagieren und daß es dann nicht um die Bewertung durch den Herrn geht, sondern einfach um die Qualität des Engagements, daß man sich da reingibt, etwas tut, ohne auf die Wertung durch den Herrn zu achten.

I: Hat das Gleichnis etwas mit dem Reich Gottes zu tun?

E: Irgendwie schon, denn also, wenn es einmal ein solches Reich gibt, dann wird sicherlich auch nicht mehr gewertet. Aber ich bin jetzt nicht so, daß ich einfach warte, bis Gott einmal ein solches Reich macht, so glaube ich es sowieso nicht – es kommt einfach nur auf uns Menschen an, wie die Welt geordnet wird, ob gerecht oder ungerecht.

Typisch für diese Stufe des Glaubensbewußtseins ist, daß hier Selbstverantwortung und Autonomie betont werden. Gott wird nicht mehr unvermittelt ins Weltgeschehen eingreifen und so sein Reich „bringen", wie das Kinder noch erwarten. Auch dieses Verständnis ist noch nicht der Weisheit letzter

Schluß – aber jedenfalls bereits Zeichen einer anderen Form von Glauben.

Ein *zweiundvierzigjähriger Mann* (F) schließlich wurde befragt. Er war der Kirche schon längst entfremdet und lehnte in allen Interviews das „Kaufmanns-Gottesbild" massiv ab, wonach Gott den Menschen gemäß seinen Leistungen belohne und gemäß seinen Verfehlungen bestrafe. Er konnte vielmehr jetzt die Güte des Weinbergbesitzers als ein Bild dafür verstehen und auch billigen, daß Gott nicht nach äußeren Maßstäben urteilt und daß ihm an freien Menschen gelegen ist, die dem Nächsten gegenüber ebenfalls auf äußeres Rechnen und Abrechnen verzichten.

I: Das Gottesbild, das dieses Gleichnis vermittelt, scheint Ihnen das noch akzeptabel zu sein?

F: Ja, eigentlich schon, also meinem Bild vom Schöpfergott widerspricht es nicht unbedingt. Da ist ja einer, der einmal nicht nach menschlichen Maßstäben handelt, sondern wirklich sehr großzügig ist. Und so sehe ich auch irgendwie den Schöpfergott, daß der anders ist als jene Götter, wie sie da so landläufig herumgehen.

Betrachten wir noch die Antwort einer *fünfzigjährigen Frau* (G).

I: Und handelt nun Gott eigentlich auch so wie dieser Weinbergbesitzer?

G: Ja, ich glaube schon. Gott geht ja auch immer zu den Menschen, so wie der Mann immer auf den

Marktplatz gegangen ist. Er will diejenigen, die auf ihn vertrauen, nicht enttäuschen, er geht zu ihnen, er will ihnen Arbeit und Lohn geben.

Damit ist diese Frau in ein tiefes und wohl auch das vom Erzähler beabsichtigte Verständnis unseres Gleichnisses hineingereift.

Und ich hoffe, Sie sind jetzt diesen Weg mitgegangen, aus einer kindlich-kindischen Sicht zu einer reifen Lebensweisheit, mit der sich nicht nur leben läßt, sondern die uns vor allem unsern Gott neu sehen und lieben lehrt.

VIERTE STUFE:

Der Glaube in der Jugend

Ein neues inneres Verhältnis zu sich selbst und der Welt

In jener Zeit sprach Jesus: Ich preise dich, Vater, Herr des Himmels und der Erde, weil du all das den Weisen und Klugen verborgen, den Unmündigen aber offenbart hast. Ja, Vater, so hat es dir gefallen. Mir ist von meinem Vater alles übergeben worden; niemand kennt den Sohn, nur der Vater, und niemand kennt den Vater, nur der Sohn und der, dem es der Sohn offenbaren will.

Kommt alle zu mir, die ihr euch plagt und schwere Lasten zu tragen habt. Ich werde euch Ruhe verschaffen. Nehmt mein Joch auf euch und lernt von mir; ich bin gütig und von Herzen demütig; so werdet ihr Ruhe finden für eure Seele. Denn mein Joch drückt nicht, und meine Last ist leicht.

Matthäusevangelium 11, 25–30

Gott ist für uns ein Geheimnisvoller, Unbegreiflicher. Wir kennen ihn kaum – oder im Grunde genommen gar nicht. Wie sagt Jesus im Matthäusevangelium 11, 27: „Niemand kennt den Sohn, nur der Vater, und niemand kennt den Vater, nur der Sohn und der, dem es der Sohn offenbaren will."

Damit hebt Jesus unser Wissen von Gott auf die Ebene des Personalen, das heißt: Gott ist kein Denksystem, keine Lehre, kein Gegen-stand, sondern ein *Du*, ein *Jemand*. Die Kenntnis von Denksystemen, Lehren, Gegen-ständen kann man sich erarbeiten durch Nachdenken, Lesen, Diskutieren. Ein *Du*, eine Person dagegen kann ich nicht einseitig von mir aus erkunden; sie muß sich mir erschließen, muß sich mir offenbaren. Wer sich vor mir verschließt, in den kann ich nicht gewaltsam eindringen. Er ist *zu* für mich.

Nun hat sich uns Gott zum Glück aufgeschlossen, erschlossen in seinem Sohn Jesus Christus. Gott will, daß wir ihn kennenlernen. Kennenlernen nicht wie eine Lehre, wie eine Theorie, wie einen interessanten Gegen-stand, sondern als lebendiges Du, zu dem wir in eine persönliche Beziehung eintreten. Mehr noch: ihn kennenlernen in der Form der *Liebe*. Denn eigentlich ist nur die *Liebe* der Schlüssel zum anderen, der uns wirklich Aufschluß gibt über den anderen. „Die Liebe ist das Erkenntnisorgan, das Sinnesorgan der Seele", hat jemand gesagt. Liebe, und dir gehen die Augen auf für Wirklichkeiten – und die allerkostbarsten Wirklichkeiten im Leben –, für die du vorher völlig blind gewesen bist. Lieben wir Gott? Oder ist er uns eher eine unheimliche Instanz, ein „Allmächtiger", mit dem man sich gut stellen muß?

Der heilige Bernhard von Clairvaux sagt einmal, es gebe drei Arten der Beziehung von Menschen zu Gott: man könne sich als *Sklave* Gottes fühlen, oder man könne Gott gegenüber die Einstellung eines *Lohnarbeiters* einnehmen, oder man könne sich als *Sohn* (bzw. *Tochter*) Gottes wissen.

Der *Sklave* dient Gott aus Angst vor Strafe. Er

denkt: Wenn ich seine Gebote übertrete, geht es mir schlecht, jetzt schon, und erst recht bei der großen Endabrechnung.

Der *Lohnarbeiter* dient Gott, um sich die Gnade und Liebe Gottes und dereinst den Himmel zu verdienen.

Der *Sohn* bzw. die *Tochter* weiß sich mit Gott eins; denkt spontan im Sinne Gottes; erfährt, daß es nichts Schöneres gibt, als in der Beziehung zu ihm zu leben; wird durch diese Erfahrung der Beziehung und Freiheit derart beschenkt, daß sich das lohnen würde, auch wenn es kein Leben nach dem Tode gäbe. Ein solches Leben trägt seinen Lohn in sich, ist schon selber Lohn genug.

Damit wir eine solche Lebensart lernen, hat Jesus Christus unter uns gelebt. In Mt 11,29 sagt Jesus: „Nehmt mein Joch auf euch und lernt von mir; ... dann werdet ihr Ruhe finden für eure Seele." Dieses „Lernen" ist keine bloße Theorie, sondern eine Lebensart, eine Lebenspraxis. Darum heißt es: „Nehmt mein Joch auf euch." Das bedeutet: Lebt wie ich.

„Denn mein Joch drückt nicht, und meine Last ist leicht." Das will sagen: Meine Lebensart schenkt euch eine unglaubliche Freiheit und Leichtigkeit des Daseins.

Wir haben in den letzten beiden Betrachtungen ausführlich die dritte von sieben Stufen der Entwicklung des Glaubensbewußtseins bedacht: den Glauben, wie er in der mittleren Kindheit aussieht.

Das war notwendig, weil viele Menschen auf dieser Stufe fast ihr Leben lang stehenbleiben. Es ist eher ein Glaube mit der Sklaven- oder Lohnarbeiter-Einstellung. Gott wird als gerechter Vater vorgestellt, der Bravsein belohnt und Ungehorsam straft, der exakt jedem seine Belohnung nach Verdienst zuteilt und den ich mit Bitten und Betteln und Liebsein rumkriegen kann, das zu tun, was ich gern hätte.

Dieser Glaube bewegt sich vorwiegend in Vorstellungen von Pflichten und Geboten und Verboten, von Sünde und Verzeihung, von Moral und Gesetz, vom blinden Gehorchen, weil der Papa es sagt und weil der es ja wissen muß, auch wenn man es selber nicht einsieht. Für Kinder, die die Grundlinien von Gut und Böse, von Recht und Falsch lernen müssen, mag dies während einer bestimmten Entwicklungsperiode angemessen sein; erwachsener Menschen aber ist das unwürdig.

Warum aber haben Glaube und Kirche allzuoft das Image einer Art von Kleinkinderbewahr-Einrichtung? Selbst unser Staat schätzt die Kirchen vorwiegend und deshalb, weil sie *moralische* Instanzen sind, die den Bürgern Wohlverhalten, Loyalität und nützliche bürgerliche Tugenden aller Art beibringen.

Man muß zugeben, daß die Kirchen tatsächlich jahrhundertelang lieber die Sklaven- und Lohnarbeiter-Mentalität gezüchtet haben, statt freie, mündige Christenmenschen auszubilden. Die Angst vor Sünde und ewiger Strafe war dabei ein wichtiges, wenn nicht das spürbarste Erziehungsmittel, und man konnte damit die Leute klein und an der Kandare halten.

Wahrscheinlich ist das ein wesentlicher Grund für die gegenwärtige Krise von Glaube und Kirche.

Wir stehen jetzt bei unseren Überlegungen über die Stufen des Glaubensbewußtseins an diesem entscheidenden Punkt. Er ist wie der Punkt vor einer Weggabelung oder einer Mehrweg-Weiche; hier wird über die weitere Richtung entschieden.

Sie erinnern sich, daß wir die einzelnen Stufen des Glaubensbewußtseins in die Altersentwicklung des Menschen eintragen, also jeweilige Vorstellungen von Gott bestimmten Lebensaltern zuordnen, obwohl sich das in Wirklichkeit stark verschieben kann: viele Fünfzigjährige können die Glaubensvorstellungen von Schulkindern beibehalten haben.

Unsere vierte Stufe läßt sich dem frühen Jugendalter zuordnen, also den Zehn- bis Vierzehn-, Fünfzehnjährigen.

Wenn man das vom Gottesdienstbesuch her betrachtet, ist es die Zeit des großen Massenabfalls: die Scharen von Kommunionkindern und Firmlingen, die man mit viel Aufwand an Liebe und Zeit unterrichtet hat und die auch – wenigstens zum Teil – mit Interesse und Hingabe mitgemacht haben, verschwinden spurlos von der Bildfläche. Nur einige wenige bleiben. Die halten dann noch bis zum Alter von sechzehn, achtzehn durch und scheinen aus Überzeugung mitzumachen, bis sie dann auch lautlos wegtauchen.

Wir müssen das gründlich unter die Lupe nehmen.

Soweit ich sehen kann, gibt es auf das kindliche Gottesbild, das wir zuletzt besprochen haben, an irgendeiner Stelle im Leben, und offensichtlich vorzugsweise in diesem Alter, drei verschiedene Reaktionen:

1. Man bleibt dabei, entwickelt sich nicht weiter und lebt in einer starren, fast zwanghaften Religiosität voller Konflikte.
2. Man kommt nicht mehr damit klar, begehrt vielleicht sogar dagegen auf, findet es lächerlich und widersprüchlich und schüttelt es ab zugunsten „vernünftigerer" Auffassungen.
3. Es ist so kindlich und langweilig, daß es einem sozusagen einschläft. Man entdeckt so viele andere interessante, viel faszinierendere Dinge im Leben, daß man es glatt vergißt.

Wahrscheinlich ist die dritte Möglichkeit hierzulande die am meisten verbreitete: das Glaubensleben entschlummert sanft und unmerklich; als Bodensatz bleiben ein paar kindliche Vorstellungen von einem höheren, aber uninteressanten Wesen über uns, und ein paar religiöse Vorstellungen aus der Schulzeit, die man für den Notfall behält wie einen Schrank voll alter Kleider, den man selten aufmacht, aber auch nicht ausmistet.

Bevor wir die drei Möglichkeiten näher beleuchten, ist es hilfreich, sich klarzumachen, welche Entwicklungen in der frühen Jugend im Menschen vorgehen.

Wir haben gesehen, daß das Schulkind noch nicht die Fähigkeit hat, sein Inneres, seine Antriebe und Motive zu durchschauen und zu verstehen. Und weil es sein eigenes Innenleben noch nicht erfassen kann, ist es auch nicht imstande, das Innenleben anderer Menschen zu erfassen. Es kann sich nicht wirklich einfühlen in andere Menschen und stellt sich natürlich auch nicht vor, daß andere es von innen her verstehen. Es erlebt die Menschen als sich verhaltende Oberflächen, Außenflächen, die sich nach objektiven Spielregeln von Gut und Böse, Recht und Falsch verhalten. Auch *Gott* stellen sie sich so vor. Und bei vielen erwachsenen Menschen bleibt diese Vorstellung von einem Gott, der die Menschen nach einem äußeren, objektiven Sünden-katalog aburteilen wird. Auch die Kirche verbreitet allzusehr diese Vorstellung.

Was dabei einzig zählt, sind äußere Tatbestände, nicht innere Beweg-Gründe; die sind nicht gefragt und spielen keine Rolle.

Nun bildet sich im Kind zwischen dem 11. und dem 13. Lebensjahr allmählich die Fähigkeit aus, die eigene Innenwelt wahrzunehmen und sich auch für die Gefühle der anderen zu interessieren. Das wird eine interessante neue Welt, die zunehmend faszi-niert. Kinder bekommen in dem Alter Interesse, Briefe an Freunde und Fremde zu schreiben. Es ist die Zeit der ersten Liebeleien und Schwärmereien, und es gibt dann nichts Schöneres, als mit Freunden und Freundinnen und Kumpeln Stunden um Stun-den im Gespräch zu verbringen.

Erwachsene, die diese Zeit vergessen haben, fra-gen sich, was die sich bloß dauernd und endlos zu erzählen haben.

In vielen Fällen findet der Jugendliche hier zum er-sten Mal einen anderen, der nicht zur Familie gehört; er empfindet für ihn Vertrauen und Achtung, und er ist für ihn genügend interessant, um mit ihm lange Stunden zu reden.

Die Gespräche haben dabei den Charakter einer Spiegel-Kommunikation. Das heißt: die jungen Menschen spiegeln sich spielerisch in den anderen und suchen die aufregende Erfahrung, sich selbst so zu sehen, wie andere sie sehen. In der Wissenschaft spricht man da von der Einübung in die „wechselseitige interpersonale Perspektivenübernahme". Die jungen Menschen versuchen, ein Bild von sich selbst aufzubauen, das vermittelt zwischen dem, was sie dem eigenen Gefühl nach sind, und dem, was andere, die ihnen wichtig sind, über sie denken.

All das fängt an genau in der Zeit, wo ohnehin im Körper und im Gefühlsleben der jungen Menschen explosive Veränderungen vor sich gehen – und kein Wunder, daß all das die jungen Menschen in eine Art „Identitätskrise" stürzt. Die Auseinandersetzungen mit sich selbst und mit ihren Gefühlen und die Fragen, wie sie auf andere wirken, nehmen sie ziemlich stark in Beschlag.

Da bleibt keine Aufmerksamkeit mehr für den hölzernen, gefühllosen Aufpasser-Gott, der die Menschen bloß nach äußeren Maßstäben einsortiert; keine Zeit mehr für Gottesdienste, die als langweilig und nichtssagend empfunden werden, weil es da so objektiv zugeht und nichts von der Innen- und Gefühlswelt vorkommt, die sie bewegt.

Die ur-religiöse Frage „Wie bekomme ich einen gnädigen Gott?" ist in diesem Stadium völlig uninteressant.

Viel aufregender ist die Frage: Wie gewinne ich

die Achtung und Anerkennung der Menschen, die mir wichtig sind?

Der junge Mensch, der in seinem Gefühlsleben und Selbstwertempfinden noch sehr unerfahren und unsicher ist, paßt sich an die Erwartungen und Reaktionen derer an, zu denen er gern gehören möchte, weil sie ihm imponieren.

Das können die Eltern sein oder ein Lehrer, den sie verehren, oder Jugendführer; aber meistens werden es Gleichaltrige sein oder modische Idole oder „verallgemeinerte andere", die durch die Medien oder die Straßenkultur herausgehoben sind. Ihnen passen sich die Jugendlichen gelegentlich bis zur völligen Unterwerfung und Entmündigung an: Hauptsache, sie werden anerkannt und bestätigt von dem, den sie verehren. Ihr Selbstwertgefühl ist stark an die Billigung und Bestätigung durch solche andere gebunden.

Manche Eltern beobachten ziemlich rat- und hilflos, welche Tyrannei andere plötzlich über ihre Kinder ausüben und mit welcher Hörigkeit diese sich unterwerfen. Die „Außen-Lenkung", der sich Jugendliche ausliefern, um gefühlsmäßige Bestätigung zu erhalten und „dazuzugehören", hat ihre schweren Gefahren. Aber das ist hier nicht unser Thema. Was für uns wichtig ist: Auf dieser vierten Entwicklungsstufe wird die Umwelt und werden die Beziehungen mit einemmal auf der Ebene der Gefühle und des *inneren* Verhältnisses angegangen.

Zu dem starren Vater- und Richtergott der vorhergehenden Phase – und das ist oft der Gott ihrer Eltern und Großeltern – vermögen dabei viele, ja die meisten keine Beziehung mehr herzustellen. Er wird ihnen über Nacht fremd und uninteressant.

Es sind relativ wenige Kinder und Jugendliche, die mühe- und problemlos von ihrem äußerlichen Kinderglauben übergehen können zu einer inneren Vertrauensbeziehung zu einem persönlichen Gott.

Einige wenige gibt es, die dann sehr überzeugt und intensiv Gott empfinden und erfahren, und die wissen: Gott ist der, der mich besser kennt, als ich mich selbst kenne; Gott weiß, wer ich bin und wer ich werde; auf ihn kann ich zählen als Freund, als Gefährten; er ist immer bei mir und umgibt mich mit seiner Liebe.

Ich habe schon Jugendliche kennengelernt, die einige Jahre lang unauffällig und ohne daß ihre Umgebung das gewußt hätte, geradezu eine Art „mystisches" Innenleben geführt haben: die in einer ständigen inneren Beziehung zu Gott gelebt haben und für die der Glaube kein Problem, sondern eine Selbstverständlichkeit und ein Geschenk war.

Aber das ist die Ausnahme, und auch das macht seine Wandlungen durch.

Unsere Frage hier ist: Warum gelingt das so selten? Warum bleibt das Glaubensbewußtsein der allermeisten unterentwickelt oder verkümmert? Das wird uns noch länger beschäftigen müssen.

Die Frage nach der lebendigen Beziehung

An jenem Tag verließ Jesus das Haus und setzte sich an das Ufer des Sees. Da versammelte sich eine große Menschenmenge um ihn. Er stieg deshalb in ein Boot und setzte sich; die Leute aber standen am Ufer. Und er sprach lange zu ihnen in Form von Gleichnissen. Er sagte: Ein Sämann ging aufs Feld, um zu säen. Als er säte, fiel ein Teil der Körner auf den Weg, und die Vögel kamen und fraßen sie. Ein anderer Teil fiel auf felsigen Boden, wo es nur wenig Erde gab, und ging sofort auf, weil das Erdreich nicht tief war; als aber die Sonne hochstieg, wurde die Saat versengt und verdorrte, weil sie keine Wurzeln hatte. Wieder ein anderer Teil fiel in die Dornen, und die Dornen wuchsen und erstickten die Saat. Ein anderer Teil schließlich fiel auf guten Boden und brachte Frucht, teils hundertfach, teils sechzigfach, teils dreißigfach. Wer Ohren hat, der höre! Matthäusevangelium 13, 1–9

Man sollte meinen, die Saat des Glaubens werde hierzulande immer noch großflächig ausgestreut, wenn man mit ansieht, daß fast alle unsere Kinder getauft und zur Erstkommunion und Firmung geführt werden; daß die Kinder und Jugendlichen jahrelang Religionsunterricht erhalten; daß der Großteil unserer Bevölkerung Mitglied der katholischen oder evangelischen Kirche ist.

Aber wir alle beobachten, daß diese Saat, wie es im Matthäusevangelium 13, 1–9 beschrieben wird, zum größten Teil von den Vögeln gefressen, von der Sonne versengt, von den Dornen erstickt wird. Unser Evangelium will uns Trost machen: daß dann trotzdem das Wenige, das Wurzel faßt und Frucht bringt, durch seinen reichen Ertrag den Verlust wettmachen wird.

Trotzdem muß uns die Frage beschäftigen, warum ein lebendiges, reifes Glaubensbewußtsein sich in so wenigen Menschen entfaltet. Wir sind ja derzeit dabei, in einer langen Reihe von Betrachtungen sieben Stufen des Glaubensbewußtseins zu überdenken.

In der letzten Betrachtung sind wir auf die vierte Stufe gelangt und haben gesehen, daß sich hier entscheidende Weichen stellen.

Auf dieser Stufe, in der frühen Jugend nämlich, setzt sich der Mensch ab von der äußerlich-oberflächlichen Vorstellung eines Gottes, der allmächtig ist, allzeit penibel gerecht und ziemlich unpersönlich, und der von außen her wirkt und uns beurteilt.

Der junge Mensch entdeckt sein Inneres, die Welt seiner Gefühle, und sucht sein Selbstwertgefühl darin, sich selber zu verstehen und von anderen, die ihm wichtig sind, angenommen und geschätzt zu werden. Er bewegt sich mit einemmal vor allem auf der Ebene der personalen Beziehungen und empfindet den Vater-Gott seiner Kindheit zusehends als fremd, als unbedeutend und uninteressant. Der Jugendliche stößt sich von den Eltern in ihrer Rolle als allwissende und allmächtige Wesen ab. Genauso stößt er sich auch ab von einem Gott, der angeblich allwissend und allmächtig sein soll und der anscheinend wenig Verständnis hat für das, was im Innern des Menschen vorgeht.

Die Abstoßung von den Eltern ist meistens dramatischer und aufreizender für beide Seiten als die Abstoßung von Gott, weil Gott nun einmal nicht als leibhaftiges Wesen im Alltag mit uns lebt: Er wird einfach uninteressant und nichtssagend, und die jungen Menschen haben keine innere Beziehung mehr zu ihm.

Warum gelingt das Hineinwachsen in eine neue, lebendige, persönliche Beziehung zu Gott so selten?

Das hat sicher viele Gründe.

Ein schwerwiegender Grund scheint mir der zu sein, daß wir Erwachsene den jungen Menschen zu selten eine solche lebendige, persönliche Beziehung zu Gott vorleben. Aus dem Grund habe ich ja diese ganze Predigtreihe entworfen.

Wir haben in der letzten Betrachtung bedacht, daß Jugendliche ein starkes Bedürfnis entwickeln, sich gefühlsmäßig anzuschließen an andere, die ihnen wichtig sind. Im Fachjargon nennt man solche Menschen, die für jemanden eindrucksvoll und wichtig sind, „signifikante andere": Menschen, zu denen sie aufschauen, die sie verehren, die sie nachahmen möchten. Sie geben alles darum, von diesen Menschen anerkannt, bestätigt, geschätzt zu sein. Ihr Selbstwertgefühl hängt ein gut Stück weit daran, von diesen „signifikanten anderen" als vollwertig bestätigt zu werden, als ihresgleichen, als zu ihrer „Szene" dazugehörig.

Ich habe schon angedeutet, wie problematisch, ja gefährlich solche Abhängigkeit von signifikanten anderen werden kann. Viele Jugendliche sind dadurch schon in die „ schlechte Gesellschaft" und Hörigkeit von Kriminellen, Drogensüchtigen und Chaoten geraten. „Wenn du ein ganzer Kerl sein willst, muß du das und das fertigbringen, muß du das und das probieren." Das kennen wir alle. Aber wo sind die signifikanten anderen, die den *Glauben* so vorleben, daß er anziehend wirkt?

Wo sind die Eltern und Großeltern, bei denen die jungen Menschen spontan spüren, daß der Glaube nicht bloß Pflichten und Ängstlichkeiten und Engheiten und Moral mit sich bringt, sondern Energien schenkt und eine Vitalität und einen Idealismus, der begeistert und der ansteckend wirkt?

Bei fast allen, die für Jugendliche heutzutage ein Vorbild, ein signifikanter Mensch sind, zu dem sie eventuell aufschauen und den sie gern nachahmen möchten; bei fast all diesen: bei Lehrern, Trainern, Jugendführern, Sportidolen, Musikern ist Glaube kein Thema und taucht nicht auf. Folglich ist auch für die Jugend Glaube kein Thema und taucht nicht auf, ist nicht „in". Wie die signifikanten anderen sind, so ist die Jugend.

Jugendliche auf dieser Stufe *haben* keine Beziehungen, sondern sie *sind* ihre Beziehungen: Sage mir, mit wem du umgehst, und ich sage dir, wer du bist. Noch haben sie kein Selbst, das Rollen und Beziehungen *hat,* ohne völlig mit ihnen identisch zu sein und ohne in ihnen aufzugehen. Wissenschaftlich heißt das: „Das Selbst ist eine Funktion seiner signifikanten sozialen Beziehungen" (J. W. Fowler). Einfacher: Die Persönlichkeit setzt sich in diesem Alter zusammen aus den bedeutsamen Beziehungen, die sie hat. Der alte Ausdruck „Halbstarker" hatte das plastisch gefaßt: bloß in der Gruppe ist das Selbstbewußtsein stark. Hast du einen Einzelnen vor dir, ist er kleinlaut und schüchtern; in einem Rudel Gleichaltriger kennst du ihn nicht wieder: da reißt er den Mund weit auf und kommt sich groß und stark vor.

Gerät ein Jugendlicher in diesem Alter an eine *religiöse* Jugendgruppe, so übernimmt er ziemlich problemlos auch die religiösen Ideale; gerät er in eine kirchendistanzierte Gruppe, übernimmt er deren Einstellung. Denn *vor* dem Inhaltlichen ist ihm wichtig, *einbezogen* zu sein und *dazuzugehören* zu etwas, was ihm imponiert. Das ist das Phänomen bei Katholikentagen und Jugendwallfahrten oder christlichen Rock-Konzerten: plötzlich bekennen Massen Jugendlicher, die ihr Pfarrer daheim nie zu Gesicht bekommt und die mit „Glauben" nicht viel am Hut haben, begeistert den Glauben – vor allem weil sie von signifikanten anderen – von „irre guten Typen, die's echt voll drauf haben" – dazu angeleitet werden und weil es toll ist dazuzugehören.

Aber davon werden relativ wenige Jugendliche erreicht; und vor allem: in ihrem alltäglichen Umkreis gibt es kaum solche signifikante andere, die sie mit einer Glaubensüberzeugung und persönlichen Beziehung zu Gott anstecken, die mehr ist als eine Episode.

Der langen Rede kurzer Sinn: Glaube entzündet sich an Glauben, und zur Weitergabe des Glaubens wäre wichtiger als alles Reden ein lebendiger, reifer, überzeugender Glaube.

Aber selbst bei denen, die dem Glauben „treu" geblieben sind, ist der Glaube oft unterentwickelt und auf der dritten Stufe, die wir in den letzten Betrachtungen überdacht haben, stehengeblieben.

Das ist geradezu die Tragik der älteren Generation. Ihr hat man religiöse Normen und Pflichten derart eingeimpft, daß die Religion vorwiegend aus Angst und Zwängen bestanden hat. Viele von uns wissen noch, wie fast alles Vergnügliche und Schöne eine „Sünde" gewesen ist oder jedenfalls dem „Sündhaften" nahegekommen ist und wie man dauernd hundert Kleinigkeiten beichten mußte, um wieder „würdig" für den Kommunionempfang zu sein. Was für eine Vorstellung von Gott hat hier dahintergestanden! Ein kleinkarierter, engherziger, im Zweifelsfall eher strenger und strafender Sünden-Buchhalter, ein Kleinkinder-Gott der Belohnungen für Bravsein und der Strafen für Nicht-Liebsein ist das gewesen, und ausgewachsene, intelligente Menschen sind darauf fixiert geblieben!

Wo Menschen darauf fixiert bleiben – also auf das Gottesbild unserer dritten Stufe –, wachsen sie in die Rollen und Beziehungen des Jugendlichen und später des Erwachsenen hinein, ohne gefühlsmäßig frei zu werden, ohne ihren eigenen Gefühlen für richtig und falsch, recht und unrecht, echt und unecht zu trauen. Sie bleiben auf die starren Normen festgenagelt, die man ihnen beigebracht hat. Damit sind sie auch nicht zu wirklicher Intimität fähig, das heißt zu einem aufgeschlossenen Sich-Einfühlen in das Denken und Empfinden anderer und zum Offenbaren ihrer wirklichen, eigenen Gefühle. Denn zu viel davon ist ja „verboten", „schlecht", „sündhaft". Auch in die Absichten und die Denkungsart Gottes, wie sie uns Jesus Christus gezeigt hat, können sie sich dann nicht einfühlen.

Das sind dann die Prinzipienreiter und strengen Leute, die danach schreien, es müßten wieder stramme Gesetze und klare Richtlinien her.

Man findet viele solche Menschen – zumal Männer – vor allem in akademischen Berufen (Ärzte, Ingenieure, Juristen). Auf ihrem Fachgebiet sind sie höchst aufgeschlossen, kreativ und in ständiger Weiterbildung begriffen. Wahrscheinlich haben sie ihre gesamte Energie und Aufmerksamkeit so sehr auf ihre berufliche Entwicklung gelenkt, daß davon für andere Bereiche nichts mehr übriggeblieben ist. Oder umgekehrt: Vielleicht haben sie sich aus Unfähigkeit, sich im Gefühlsmäßigen und Religiösen weiterzuentwickeln, voll in ihren Beruf gestürzt. Die Kirche und der Glaube sollten dann für sie eine Art unberührtes, stehengebliebenes Reservat Kindheit und geistiger Landschaft von früher bleiben, das sie gelegentlich besuchen wollen, um sich darin nostalgisch vom modernen Leben zu erholen. Mir haben schon öfter – eigentlich vorwiegend Männer – gesagt: „Wenn ich mal in die Kirche gehe, dann werden da ja lauter Lieder gesungen, die ich gar nicht mehr kenne. Warum singt man nicht mehr die schönen alten Lieder wie ‚Lobe den Herren, den mächtigen König der Ehren‘ oder ‚Großer Gott, wir loben dich‘ oder ‚Maria zu lieben‘? Dann würde ich vielleicht auch wieder öfter kommen." Ich gebe gewöhnlich einem solchen Frager zur Antwort, es sei etwas viel verlangt, die Gemeinde sollte an 52 Sonntagen im Jahr regelmäßig diese drei Lieder singen, bloß um sicherzustellen, daß er sie genießen kann, wenn er ab und zu die Lust haben sollte, beim Gottesdienst hereinzuschauen.

Solche Art Beschwerde ist typisch für Leute, die nicht weiter- und mitgewachsen sind.

Allerdings liegt das Grundproblem nicht in der Frage nach alten oder neuen Kirchenliedern oder Latein oder Deutsch im Gottesdienst.

Das Grundproblem liegt in der Unfähigkeit, von den äußeren Formen und Normen weg ins Innere, in den Bereich der eigenen Empfindungen, Gefühle und Erfahrungen hineingewachsen zu sein und sozusagen „vom Herzen her" sein Welt- und Glaubensbild neu zu ordnen.

Menschen, die religiös und menschlich an den äußeren Schemata der dritten Entwicklungsstufe hängengeblieben sind, bringen auch in ihre Ehen und in ihr Familienleben Starrheit und Äußerlichkeit, oft verbunden mit einem autoritären Gehabe, das ihren Partnern und Kindern seelisch und manchmal auch körperlich Gewalt antut. Sie neigen dazu, knallharte Prinzipien zu vertreten und nach diesen Prinzipien andere gnadenlos zu richten. Selber können sie allerdings ihren hohen Standard auch nicht einhalten und genehmigen sich deshalb etliche blinde Flecken, Selbsttäuschungen und Lebenslügen.

Im Alter zwischen vierzig und fünfzig Jahren stürzt viele solche Menschen ihre Starrheit in ein Gefühl verstörter Leere. Dann stehen sie womöglich auf dem Trümmerfeld ihrer zerrütteten Familie und stellen sich vielleicht zum ersten Mal der schmerzvollen Aufgabe, etwas über das Innenleben des Menschen zu lernen – angefangen mit ihrem eigenen.

Wir leben wohl in einer Zeit, in der starre Normen keine Konjunktur haben. Namentlich junge Menschen haben ein Gefühl für das von innen heraus Echte, für das Leben aus innerer Überzeugung – was nicht heißen muß, daß sie unbedingt selber fähig sind, danach zu leben. Aber das Bedürfnis ist da, mehr als früher vielleicht. Und wir sind auf diesen Bedarf mit unserem herkömmlichen Verständnis von Glauben, mit unserem Kinderglauben, zu wenig vorbereitet.

Wenn wir unsere Maßstäbe *nur* vertreten unter Berufung auf die Gebote Gottes im Himmel oder des Heiligen Vaters in Rom, überzeugt das immer weniger, sondern ruft nur ein mitleidiges Lächeln hervor. Damit will ich nicht sagen, die Gebote Gottes hätten ausgedient, nein: aber wir können sie nur überzeugend weitergeben, wenn wir sie in unser Herz geschrieben haben und sie aus eigener Erfahrung als eine reichere, reifere Lebensmöglichkeit entdeckt haben und leben. „Liebe – und dann tu, was du willst!" hat schon der heilige Augustinus gesagt. Das ist nicht als Ermächtigung zur Willkür gedacht, nicht als Einladung, aus der Lust und Laune einer Schein-Liebe und Leidenschaft zu tun, wozu man gerade aufgelegt ist. Nein, das meint: Wer wirklich liebt, *kann* von innen heraus gar nicht anders, als Gutes tun. Einem Menschen, den ich wirklich liebe, kann ich nichts Böses zufügen. Davon muß mich kein Gebot und kein Gesetz abhalten. In dem Sinn ist der Liebende über die Gebote hinausgewachsen.

Wir können auch den Glauben an Gott nur überzeugend weitergeben, wenn wir von Gott fasziniert und ergriffen sind und zu ihm eine innere, lebendige Beziehung haben. Nun können wir aber mit Gott nicht intimer umgehen, als wir es mit uns selbst und anderen wollen und können. Wahrscheinlich ist bereits da unser Schwachpunkt: daß wir uns zu wenig Zeit und Aufmerksamkeit für uns selbst nehmen und unser Inneres zu wenig kennen.

Und auch mit anderen können wir nicht intimer umgehen als mit uns selbst. Wer sich selbst nicht genügend kennt, der kann sich auch in andere nicht genügend einfühlen. Und folglich auch nicht in Gott. Sie sehen, so gerät unsere Frage nach dem echten Glauben unversehens zur Frage nach dem echten Leben und dem echten, tiefen Miteinander. Die Frage nach dem Glauben ist vielleicht im tiefsten die Frage nach unserem Lebensstil, nach dem Stil unseres Umgangs miteinander.

Also ist das alles andere als eine theoretische, weltfremde Frage.

Chancen und Gefährdungen

Mit dem Himmelreich ist es wie mit einem Schatz, der in einem Acker vergraben war. Ein Mann entdeckte ihn, grub ihn aber wieder ein. Und in seiner Freude verkaufte er alles, was er besaß, und kaufte den Acker.

Auch ist es mit dem Himmelreich wie mit einem Kaufmann,
der schöne Perlen suchte. Als er eine besonders wertvolle
Perle fand, verkaufte er alles, was er besaß, und kaufte sie.

Matthäusevangelium 13, 44–46

Das Wort „Himmelreich" im Matthäusevangelium
ist eine Umschreibung für das Wort „Gott"; denn im
Judentum gilt „Gott" als der Unaussprechliche. Man
hat darum das Wort „Gott" immer mit einem anderen
Ausdruck umschrieben, in Mt 13, 44–46 mit dem
Ausdruck „Himmelreich". So wollen die beiden Ver-
gleiche sagen: wem *Gott* als lebendiges Gegenüber,
als Du, als Wirklichkeit aufgeht, für den ist das wie
ein kostbarer Schatz oder eine Perle; er ist davon so
fasziniert, daß er alles andere zurückstellen oder sogar hergeben kann, um diesen Schatz, diese Perle zu
erwerben.

Daß es eine solche Erfahrung gibt, kann ich Ihnen
persönlich bezeugen: ich war vierzehn oder fünf-
zehn Jahre alt, als mich das gepackt hat: es *gibt* Gott,
und Gott ist so faszinierend und erregend, daß ich alles daran setzen möchte, ihn genauer kennenzulernen. Darum habe ich dann mit neunzehn, nach dem
Abitur, gleich alles hinter mir gelassen und bin ins
Kloster gegangen, um möglichst intensiv die Beziehung zu diesem Gott leben zu können; und bis heute
geht das weiter, so daß mich kein Besitz und keine
besondere Stellung auf der Welt interessieren. Mein
Leben ist dadurch zu einer sehr spannenden, faszinierenden Such-Geschichte voller Überraschungen
geworden.

Daß es eine solche Erfahrung in der *Jugend* geben kann, das kann ich damit ebenfalls bezeugen. Wir sind ja noch in der Phase der *Jugend* bei unseren Betrachtungen über die sieben Stufen des Glaubensbewußtseins; es ist die vierte Stufe, und wir haben schon in zwei Betrachtungen einiges darüber bedacht.

Offensichtlich ist es selten, daß ein Jugendlicher derart von der Wirklichkeit Gottes gepackt wird, daß er ins Kloster geht. Allerdings weiß ich aus meinen sieben Jahren als Novizenmeister, daß überraschend viele Jugendliche irgendwann einmal kurz den Gedanken an einen solchen Weg haben. Während meiner sieben Jahre damals haben allein in unserem Kloster 300 Interessenten angefragt. Fast keiner tritt dann wirklich ein, weil der Gedanke aus vielerlei Gründen wieder verpufft. Aber was uns hier interessiert, ist die Tatsache, daß junge Menschen im zweiten Lebensjahrzehnt ein sehr vertrauensvolles Verhältnis zu Gott haben können. Im Unterschied zur Kindheit, wo Gott eher eine Vater- und Autoritätsfigur, dargestellt hat, erschließt sich manchen Jugendlichen Gott als „Freund" und als Gesprächspartner, dem man alles sagen kann.

Eine 19jährige hat ihre Beziehung zu Gott so beschrieben: „Ich glaube an Gott. Es ist schön, beruhigend, wenn man weiß, da ist noch jemand, mit dem man sprechen kann, der Hoffnung für einen ist. Ich weiß auch, wenn ich niemanden mehr habe, keine Eltern, Geschwister, Freunde, also ganz verlassen auf der Welt wäre, da ist noch jemand, der mir nahe steht, mir beisteht, bei dem ich mich bedanken kann für alles, was mir in meinem 20jährigen Leben an Gutem widerfahren ist. Es ist wirklich alles so eingetroffen, wie ich es erhofft habe, auch wenn manchmal alles wirklich ausweglos erschien. Ich wußte, er gibt mir die Kraft, den Willen, dies alles durchzustehen, und er hat mir geholfen, daß mich nie der Mut verlassen hat. Er ist für mich mehr als ein Freund, ihm kann ich alles anvertrauen."

Diese vertraute, sehr persönliche Beziehung zu Gott hängt eng mit dem Bedürfnis des Jugendlichen zusammen, sich selbst zu finden, und mit seinem Bedürfnis, in einer Welt, in der so viel menschliche Kälte ist, von anderen verstanden zu werden. Die Jugendzeit ist die Zeit, wo viele bewußter auf ihr eigenes Inneres achten, also eine innige Nähe zu sich selbst erleben. Wir haben schon bedacht, daß man auf andere ja nur in dem Maß intensiv eingehen kann, wie man bei sich selbst sein und sich selbst erleben kann.

Es gibt allerdings auch solche, die aus Unbeholfenheit oder Angst vor ihrer unbekannten Innenwelt davonlaufen in dauernde Betriebsamkeit, in Lärm und Trubel – die armen Geschöpfe, die pausenlos die Stöpsel ihres Walkman im Ohr brauchen, um sich von der Musik-Kassette betäubt halten zu lassen.

Aber wer sein Inneres erkundet, der hat auch Sinn für ein Du, für einen Freund, der immer und überall mit einem mitgeht, zeitlich, räumlich und seelisch, in jedes Dunkel und in jedes Versteck der Seele, in die geheimste Sehnsucht und in die tiefste Scham. Jugendlichen, denen diese Beziehung aufgeht, ist das

Beten etwas Vertrautes. Kirchenbesuch und Amts-
handlungen dagegen finden sie weniger anspre-
chend, abgesehen vom Weihnachtsfest und von
Taufen, Trauungen und Beerdigungen.

Anders ist es mit dem Beten. Denn das Beten, das
kann man persönlich erleben. Nicht wenige Jugendliche erklären, Kirche und Gottesdienstbesuch
brächten ihnen nichts; daheim in ihrem Zimmer
könnten sie viel besser und echter in Verbindung mit
Gott kommen. Ein 17jähriger hat das so formuliert:
„Ich will, wenn ich in die Kirche gehe, einen festen
Kontakt zu Gott haben, doch diesen Kontakt kann
ich besser zu Hause herstellen, so empfinde ich das."

Der sonntägliche Gottesdienst wirkt auf Jugendliche nicht einladend, weil sie das Gefühl haben, dort
nicht selbständig und persönlich genug mit Gott
sprechen zu können. Ein anderer 17jähriger hat gesagt: „Es gibt Zeiten, in denen ich stärker an Gott
denke und an den Tod, oder was danach kommt.
Dann bete ich auch. Das ist für mich wichtiger als jeden Sonntag die Zeit in der langweiligen Kirche ab-
zusitzen, wo man nur vorgedichtete ‚Reime' aus dem
Buch abliest und nicht das, was man wirklich denkt
oder sagen will."

Genau besehen ist das nicht nur die Auffassung
von Jugendlichen in einem bestimmten Alter, denen
wir vornehmlich diese Stufe zuordnen, sondern es
ist auch die Auffassung vieler Erwachsener.

Lassen wir noch eine 19jährige Schülerin sprechen, die das bislang Gesagte noch einmal gut ins
Wort bringt:

„Ich glaube an Gott, weil ich sonst vollkommen

verlassen wäre. Ich glaube daran, daß es irgend etwas gibt, was mich hält, auch wenn alle anderen mich fallenlassen. Ich habe kein Bild von Gott. Er ist für mich die Inkarnation des Guten, des Verstehens und des Verzeihens. Ich weiß: immer, wenn es mir schlecht geht, kann ich mich an ihn wenden. Wenn ich mir dann alles von der Seele geredet habe, geht es mir besser. Allerdings gehe ich nicht sehr oft in Gottesdienste, weil Gott den Menschen dort durch, meiner Meinung nach, unzeitgemäße Predigten nicht nahegebracht wird. Ich finde auch, daß ich, um mit Gott zu reden, nicht in ein Gotteshaus muß, denn in den gemeinsamen Gebeten dort werden den Leuten doch Worte in den Mund gelegt, die sie vielleicht gar nicht sagen wollen, und vieles, was sie sagen wollen, bleibt ungesagt. Ich will damit sagen, daß nach meinem Glauben Gott überall ist."

Wir stoßen hier auf etwas, was häufig vorkommt: Daß sich religiöses Bewußtsein, Glaubensbewußtsein, durchaus weiterentwickelt, daß es tatsächlich reifer wird, aber daß es das am Rande oder außerhalb der Glaubensgemeinschaft der Kirche tut. Alle Vertreter der Kirche müßte das in hohem Maße nachdenklich machen. Denn das stellt uns alle vor die Frage: Ist das, was wir anbieten und vorleben, kein hilfreicher, überzeugender Weg, den die Menschen bei ihrem Reiferwerden dankbar wählen? Haben die Menschen im Gegenteil den Eindruck, bei uns auf einen Zustand der Unreife fixiert zu bleiben? Ich fürchte fast Letzteres. Aber das soll jetzt nicht weiter unser Thema sein.

Halten wir fest, daß die Jugendlichen, die einen

sehr persönlichen Glauben entwickeln, zugleich sehr selektiv mit der christlichen Glaubenstradition umgehen: sie wählen aus, was ihnen zusagt, und oft hat ihr Gottesglaube nur noch entfernt christliche Anklänge. Sie wissen nicht – vielleicht interessiert es sie auch gar nicht besonders – , ob sie sich noch als Christen verstehen dürfen, wenn sie den Gottesdienst nicht mehr besuchen und die Lehren der Kirche nicht mehr teilen. Die Gleichungen: „an Gott glauben" = „Christ sein" = „als Glied der Kirche leben" haben sie weitgehend aufgegeben. Mir scheint deshalb, nebenbei gesagt, der Zeitpunkt, wo man die jungen Menschen zur Firmung führt, denkbar ungeeignet: gerade in einer Lebensphase, wo ihr Interesse und Bedürfnis aufs ganz Persönliche geht, schwört man sie als „mündige" Kirchenmitglieder ein. Was dabei herauskommt, können wir von Jahrgang zu Jahrgang beobachten: fast gar nichts. Ein 17jähriger hat geäußert: „Ich glaube nicht an den Gott, wie ihn die Kirche mir vorschreibt, ich glaube an meinen eigenen Gott, der mich zu nichts zwingt, zu dem ich kommen kann, der mir Beistand leistet, der mich nicht verurteilt." Genau besehen beschreibt der Jugendliche durchaus Züge des Gottes, den Jesus Christus uns nahegebracht hat; aber er hat den Eindruck, die Kirche dränge ihm einen ganz anderen Gott auf. Seine religiösen Erzieher und Vorbilder haben es offensichtlich nicht fertiggebracht, ihn von der zweiten oder dritten Stufe des Glaubensbewußtseins organisch weiterzuführen, und so ist er nicht *mit* ihnen reifer geworden, sondern *gegen* sie. Wie oft findet das statt!

Anscheinend sehr viel mehr Jugendliche finden aber – vermutlich aus dem gleichen Grund – gar keine persönliche Beziehung zu Gott, sondern stoßen den Gott ihrer Kindheit ab als unzureichend oder langweilig. Was übrigbleibt, ist ein verschwommenes Annehmen, daß es schon irgendein höheres Wesen geben werde, von dem man aber weiter nicht viel weiß und mit dem man nichts weiter zu tun hat. Die Gottesvorstellungen ihrer Kindheit kommen ihnen kindisch und unzureichend vor, bessere, reifere Gottesvorstellungen sind ihnen nicht vermittelt worden oder haben sie nicht an sich herangelassen. Vieles andere spielt dabei noch mit. Ich möchte hier nur kurz vier Gesichtspunkte anführen:

1. Das Problem, daß der „allmächtige, liebe Gott" der Kindheit offensichtlich entweder nicht allmächtig, oder wenn doch, dann jedenfalls keineswegs „lieb" ist; sonst würde er nicht so viel Entsetzliches auf der Welt zulassen. Ein 18jähriger schreibt: „Ich glaube nicht an Gott, denn ich habe schon so viel Schreckliches erlebt: Unfälle, wobei gute Freunde gestorben sind, Katastrophen usw., das geht einfach über meinen gedanklichen Horizont, daß solche Dinge passieren, ohne daß Gott eingreift und den Menschen hilft."

2. Der Eindruck, der Gott der Kindheit tauge nicht als ernsthafter Schlüssel zur Erklärung der Welt, des Lebens und des Todes. Die moderne Naturwissenshaft erklärt die Entstehung der Welt und des Lebens doch ganz anders als der Schöpfungsbericht der Bibel! Hier stehen noch viele unnötige Mißverständnisse darüber im Raum, was man in der Bi-

bel buchstäblich für wahr halten muß und was in einem anderen, bildlichen, übertragenen Sinn zu verstehen ist. Und neuerdings entsteht der Eindruck, der biblische Auftrag an den Menschen, sich die Erde untertan zu machen, habe geradezu die Ausbeutung und Zerstörung unserer Umwelt inspiriert und gerechtfertigt – was natürlich dem christlichen Glauben keine Sympathien einbringt.

3. Die Frage, ob Gott nun tatsächlich existiere oder ob er bloß ein hilfreiches Wunschbild sei. Ein 18jähriger hat es so formuliert: „Ob Gott wirklich existiert, weiß ich selbst nicht; aber auch ich brauche manchmal eine Vorstellung, die mir über manches hinweghilft (vielleicht ist Gott eine Traumvorstellung und ein Wunschbild; dies ist wohl immer eine Frage, eine unbeantwortete Frage)."

Wenn Jugendliche durchschauen, daß sie selbst es sind, die sich eine Vorstellung von Gott schaffen, geben viele von ihnen den Glauben an ihn auf. Ein anderer 18jähriger hat das in den Text gefaßt:

„Woran denke ich beim Wort ‚Gott'?

An die Dritte Welt. Die Ungerechtigkeit. An die Angst, nicht an ihn zu glauben. Erfindung der Menschheit. Alle Sorgen und Hoffnungen zu einem Gott zusammenfügen. Irgendein Fluchtweg. Notausgang. An seine ungerechte Strafe, die er uns auferlegt hat. Seinen seltsamen Weg zum Frieden.

Einmal im Traum ihn sprechen hören.

Wissen wie's wirklich war.

Trotz allem ist Gott eine schöne Einbildung, an die man sich hält.

Die Angst, nicht an ihn zu glauben."

4. Die mangelnde Glaubwürdigkeit christlicher Lebensführung, oft bei den eigenen Eltern, bei den Vertretern der Kirche, bei den Gemeindemitgliedern. Diese Kritik ist stark verbreitet, ist häufig von massiver Härte, vielfach ungerechtfertigt, oft jedoch durch konkrete Beobachtungen gestützt. Auch Jugendliche, die angeben, an Gott zu glauben, aber sich von der kirchlich praktizierten Religion abwenden, stimmen kritisch ein.

Da sagt ein 18jähriger:

„Ich glaube an Gott, aber nicht an die Religion. Mich kotzt es an, wenn Frauen in die Kirche gehen, nur um ihren Pelzmantel zu zeigen, und nach der Kirche über andere Leute lästern. Ich würde gern in die Kirche gehen, solange das aber so ist, bleib ich lieber daheim."

Manche kritisieren noch schärfer: Sie sehen die moralische Mitschuld der christlichen Kirchen an Kreuzzügen, Hexenverfolgungen, Waffensegnungen; sie stellen Besitztümer und Institution der Kirche in Frage; sie bezweifeln, ob die biblische Überlieferung geschichtlich zuverlässig sei.

– Damit habe ich ein Panorama der Möglichkeiten von Chancen und Gefährdungen des Glaubens im Jugendalter entfaltet. Wer setzt sich bewußt und gründlich genug damit auseinander? Wer ist imstande, Rede und Antwort zu stehen auf all die Fragen und Zweifel, die da auftauchen? Das allererste wäre indes, all das nüchtern zu sehen und zuzulassen; selber einen so reifen Glauben und ein so festes Vertrauen auf Gott zu haben, daß man nichts erzwingen und nichts aufdrängen will, sondern das Weiter wachsen und Weiterreifen abwarten kann. Denn auch die Jugendzeit ist ein Durchgangsstadium; das Leben und auch die Überzeugungen bleiben nicht stehen.

Und mehr noch: Selber den Glauben an Gott als Schatz, als Perle erfahren und überzeugend leben.

Der Glaube im jungen Erwachsenenalter

Die kritische Zeit der „Aufklärung"

Als Jesus all das hörte, fuhr er mit dem Boot in eine einsame Gegend, um allein zu sein. Aber die Leute in den Städten hörten davon und gingen ihm zu Fuß nach. Als er ausstieg und die vielen Menschen sah, hatte er Mitleid mit ihnen und heilte die Kranken, die bei ihnen waren. Als es Abend wurde, kamen die Jünger zu ihm und sagten: Der Ort ist abgelegen, und es ist schon spät geworden. Schick doch die Menschen weg, damit sie in die Dörfer gehen und sich etwas zu essen kaufen können. Jesus antwortete: Sie brauchen nicht wegzugehen. Gebt ihr ihnen zu essen! Sie sagten zu ihm: Wir haben nur fünf Brote und zwei Fische bei uns. Darauf antwortete er: Bringt sie her! Dann ordnete er an, die Leute sollten sich ins Gras setzen. Und er nahm die fünf Brote und die zwei Fische, blickte zum Himmel auf, sprach den Lobpreis, brach die Brote und gab sie den Jüngern; die Jünger aber gaben sie den Leuten, und alle aßen und wurden satt. Als die Jünger die übriggebliebenen Brotstücke einsammelten, wurden zwölf Körbe voll. Es waren etwa fünftausend Männer, die an dem Mahl teilnahmen, dazu noch Frauen und Kinder. Matthäusevangelium 14, 13–21

Bei unseren Betrachtungen über die sieben Stufen des Glaubensbewußtseins soll jetzt die 5. Stufe besprochen werden: Der Glaube im jungen Erwachsenenalter. Danach werden wir das Glaubensbewußtsein im mittleren Erwachsenenalter betrachten und schließlich das Glaubensbewußtsein im Alter.

Die Jünger Jesu, von denen wir im Matthäusevangelium 14, 13–21 hören, waren wohl alle in dem Alter, das wir jetzt betrachten wollen: junge Erwachsene zwischen zwanzig und dreißig Jahren. Eines ihrer großen Probleme mit diesem Jesus war, daß er ihrer Ansicht nach nicht aktiv genug war. Im Rock-Musical „Jesus Christ Superstar" wird eindrucksvoll dargestellt, wie sie ihn geradezu zum Handeln zwingen wollen: Simon der Zelot und Judas Iskariot vor allem, der hofft, Jesus durch den Verrat so in die Klemme zu bringen, daß er nicht mehr anders *kann* als das große Wunder der Zerschlagung seiner Feinde zu wirken.

Das ist typisch für junge Erwachsene: diese Energie, etwas zu *tun* und ihr Leben selber in den Griff zu kriegen. Es entspricht voll und ganz ihrer Alters- und Entwicklungsstufe: Das Leben liegt vor ihnen und will erobert und gestaltet werden. Es gilt jetzt, sich im Berufsleben zu qualifizieren, es gilt, einen Lebenspartner zu finden, es gilt, eine Existenz aufzubauen, es gilt, sich irgendwo zu verwurzeln – viele bauen bereits in diesem Alter ihr eigenes Haus –, es gilt, in der Gesellschaft seinen Platz zu finden, in Freundeskreisen und Vereinen.

Wir haben in der letzten Betrachtung gesehen, daß für manche Menschen das zweite Lebensjahrzehnt die Zeit ist, in der sie ihr *Inneres* entdecken und sehr persönliche Beziehungen suchen und entwickeln können, auch zu Gott.

Jetzt, im dritten Lebensjahrzehnt, wird das *Äußere* vorherrschend – so sehr, daß das *Innere* dagegen ganz in den Hintergrund tritt.

Ich habe schon etliche junge Menschen erlebt, die einige Jahre hindurch eine tiefe Innerlichkeit erfahren und gepflegt hatten und die auch treue Gottesdienstbesucher gewesen sind – und oft plötzlich, innerhalb weniger Wochen, scheint alles verpufft, und sie sind von der Bildfläche verschwunden. Ihr Interesse für innerliche Erfahrungen ist unversehens umgestülpt, und sie sind fasziniert von der Außenwelt und deren Versprechungen und Herausforderungen.

– Waren ihre religiösen Erfahrungen, war ihr Gefühl, mit Gott verbunden zu sein, war ihr Gebetsleben eine Illusion? Ich glaube nicht. Aber all das war noch nicht tief genug verwurzelt; war noch gebunden an die Faszination, innere Wirklichkeiten des eigenen Selbst zu entdecken. Mit dem Schwinden der Faszination sind auch die Erfahrungen verblaßt, ist auch das Interesse geringer geworden. Die Frömmigkeit des Jugendlichen kann ein echtes Feuer gewesen sein – aber ein Strohfeuer, das nicht genügend Glut für die Zeiten des Mangels entwickelt hat. Oder sie ist wie eine erste schwärmerische Liebe gewesen, sozusagen die poetische „Vorschuß-Erfahrung" einer Wirklichkeit, die erst durch sehr viel Prosa und Treue hindurch erworben werden muß als dauernder, unverlierbarer Besitz.

132

Ist es nicht so, daß jedem von uns irgendwann einmal kurz ein Ideal aufleuchtet, ein Glück, ein paradiesischer Zustand; daß uns eine überwältigend herrliche Erfahrung geschenkt wird wie eine Vision davon, wie das Leben in seiner Fülle und Herrlichkeit sein könnte? Unverdient und unerwartet wird uns das geschenkt – und dann wird es uns wieder entzogen. Ein Leben lang sind wir unterwegs, es wiederzufinden. Unsere Lebensaufgabe wäre erfüllt, wenn wir es nach einer mühsamen, treuen Wüstenwanderung unverlierbar erworben hätten. Sind nicht fast alle Menschen ruhelos auf der Suche nach dem Ich-weiß-nicht-was? Viele haben die Vision, den Traum vielleicht nie sehr klar erfaßt, noch mehr werden ihn wieder vergessen haben; geblieben ist der ruhelose, blinde Instinkt, der sie daran hindert, jemals zu sagen: „Ich habe genug. Ich bin am Ziel."

Der junge Erwachsene kommt obendrein in eine Lebensphase, die dem entspricht, was man in der europäischen Geistesgeschichte als die „Aufklärung" bezeichnet. Der Mensch entdeckt seine Möglichkeit, autonom zu sein und sein Leben selber in die Hand zu nehmen. In der Gesellschaft *muß* er das tun: endgültig seinen Beruf wählen, seinen Lebenspartner finden, Ehe und Familie gründen, sich auf die eigenen Beine stellen und sein Leben selbst verantworten.

Die äußere Notwendigkeit hat ihre Auswirkungen auf die geistige Haltung: wie der junge Erwachsene sich vom Elternhaus abgelöst hat, so versucht er, sich jetzt auch geistig auf die eigenen Beine zu stellen und sich abzukoppeln vom Bisherigen, das ihn getragen hat.

Wir haben gesehen, daß im Jugendalter das Ich noch ganz eins war mit seinen Beziehungen und Rollen und daß es mit ihnen gestanden und gefallen ist. Jetzt, im frühen Erwachsenenalter, wird das Ich so stark, daß es die Rollen, die es spielt, und die Beziehungen, die es hat, miteinander abstimmt, aber mit keiner von ihnen mehr zusammenfällt. Der Mensch achtet jetzt darauf, ein ganz eigenes Ich, eine klar abgegrenzte Identität zu haben.

Er hinterfragt und zerpflückt mit seinem Verstand seine seitherigen Erfahrungen und sein Glaubens- und Wertsystem. Er will nur noch behalten, was ihm echt und ernsthaft vertretbar erscheint, und vieles kommt ihm jetzt, wo ihn die Außenwelt und der äußere Aufbau seiner Existenz in Beschlag nehmen, unecht und unwirklich vor. Allerdings sind viele von diesem Wunsch und dieser Aufgabe, selbständig zu werden, überfordert und geraten ins Schwanken.

So wie mancher noch schwankt zwischen Elternhaus und völliger Selbständigkeit, so schwanken auch viele religiös zwischen geheimer Abhängigkeit und Selbständigkeitsstreben.

Einerseits wehrt der junge Erwachsene jetzt brüsk alle kirchlichen Traditionsansprüche ab; sie kommen ihm vor wie die verlängerte Zumutung, sich weiter von seinen Eltern bevormunden zu lassen.

Andererseits hat er doch noch die verdeckte Erwartung, Gott könne ihm im Ernstfall die Verantwortung abnehmen und, wenn Not am Mann ist, stets zur Stelle sein, wie früher die Eltern.

So ist diese Altersstufe eine Stufe akuter religiöser Krise. Diese Krise kann zu unterschiedlichen Konsequenzen führen:

1. Aus dem überzogenen Streben nach Unabhängigkeit kann sich ergeben, daß der junge Mensch alle Beziehungen zu Religion und Kirche abbricht. Das kann so weit gehen, daß er sich als Atheist erklärt. Meistens bleibt es jedoch bei einem verschwommenen „Deismus", das heißt: der junge Mensch nimmt weiter an, daß es als Schöpfer der Welt wohl ein „höheres Wesen" geben werde, aber seine Beziehungen zu diesem „Wesen" ruhen. Religiöse Praxis erscheint ihm als unbedeutsam, weil sie „nichts bringt". Ein ausgesprochen geistliches Leben betrachtet er als Zuflucht für Lebensuntüchtige und alte Leute, zu denen er sich nicht zählen will.

Das scheint am häufigsten einzutreten.

2. Aus seinem Bedürfnis nach Selbständigkeit heraus kann der junge Mensch seine ganz eigene, hausgemachte religiöse Weltanschauung und Praxis entwickeln; sie trägt stark ichbezogene, individualistische Züge. Religion gebraucht der junge Mensch als Mittel zum Zweck, sich selbst zu verwirklichen und eventuell sein Bewußtsein zu erweitern, „geistige Erfahrungen" zu machen, sich „spirituell zu vervollkommnen", ein weiserer Mensch zu werden usw.

Dabei möchte er alles selbst „im Griff" behalten.

3. Oder der junge Mensch gibt seinem Bedürfnis nach Abhängigkeit nach. Dann kommt ihm die Kirche zu „lasch" vor. Er sucht eine starke religiöse Bindung, sucht sie vielleicht in einer Ordensgemein-

schaft oder einer Erneuerungsgruppe der Kirche, oder – was dann bedenklich wird – bei fundamentalistischen religiösen Bewegungen oder in einer der neuen „Jugendreligionen". Dort läuft er Gefahr, religiös völlig entmündigt und unterworfen zu werden.

– So weit diese drei Alternativen. Sie haben alle ihre Grenzen und Fragwürdigkeiten. Es scheint selten zu gelingen, daß ein junger Erwachsener spontan eine reife, ausgewogene Form des Glaubensbewußtseins von der Art findet, daß sie sowohl seiner Alters- und Bewußtseinsstufe voll entspricht, als auch – und vor allem das müßte der Fall sein – der befreienden, erleuchtenden Wahrheit des Evangeliums. Wie würde ein solches Glaubensbewußtsein aussehen?

Es wäre die Beziehung eines mündigen Erwachsenen zu einem Gott, der ihn als Partner und Mitarbeiter beruft und führt.

Der Mensch kann sich Gott nicht nach Belieben auswählen; und erst recht kann er sich nicht einen Gott nach seinem Belieben auswählen. Das bliebe immer ein selbstgemachter Götze, ein Mittel zum Zweck, um sich selber und um sein liebes Ich zu kreisen.

Glaube ist grundsätzlich *Berufung, Gepacktwerden*. Und zwar von einem Geheimnisvollen, Unverfügbaren.

Junge Erwachsene können diese Berufung durchaus erfahren. Eines Tages spüren sie: du bist in eine größere Nähe zu Gott eingeladen, zu einem intensiveren Gespräch mit ihm. Das kann atemberaubend sein. Vielleicht aber ist es auch nur der leise, klare

Impuls: Engagiere dich. Tu etwas. Sehr nüchtern, sehr praktisch. Ein Merkmal solcher Berufung ist die Verbindung von Weltverantwortung und Spiritualität.

Das heißt: Solche junge Erwachsene sind von der Leidenschaft bewegt, zu helfen und etwas zu tun. Darum engagieren sie sich in der Gemeinde, setzen sich ein für soziale Gerechtigkeit, für die Aufhebung des Rassismus, für die Einhaltung der Menschenrechte, für die Bewahrung von Natur und Umwelt und für die Erhaltung des Friedens.

Zugleich ist ihnen bloßer Aktivismus zu hohl, zu blind. Sie suchen einen tieferen Sinn, interessieren sich für die Bibel und für spirituelle Literatur, atmen durch und atmen auf zu Gott in Gebet, Gesang, Meditation und der Feier lebendig gestalteter, inspirierender Gottesdienste.

Dieser Typ junger Erwachsener prägt ein gut Stück weit unsere Katholiken- und Kirchentage.

Der Glaube des jungen Erwachsenen entspricht seinem Entwicklungsstand. Wenn Gott in seinem Leben eine Rolle spielen soll, dann nicht ohne Selbstbestimmung und Selbstverantwortung.

Von Gottesdienst, Gebet und Predigt wünscht sich der junge Erwachsene, daß er anerkannt wird als selbständiger, mündiger Mensch und als Autor seines eigenen Lebens. Es war hart, in eigener Verantwortung seinen Lebensstil und seine Überzeugungen zu erkämpfen. Der Gottesdienst soll diese Errungenschaften anerkennen und feiern.

Gleichzeitig erwarten solche junge Erwachsene von der Kirche, daß sie ihnen im Gottesdienst und in der Gemeinschaft Räume und Beziehungen anbietet, in denen sie Gleichgesinnte finden. Es ist geradezu lebensnotwendig, sich manchmal entspannen zu können vom angestrengten Bemühen, sich kritisch und eigenverantwortlich einzusetzen. Wenn man das Gefühl hat, in seiner Umgebung ein auf sich allein gestellter Einzelkämpfer zu sein; wenn man seine Überzeugungen ständig verteidigen und rechtfertigen muß gegenüber dem Unverständnis oder der Gleichgültigkeit seiner Mitmenschen, ist es geradezu lebensnotwendig, gelegentlich Gleichgesinnte zu finden. In ihrer Runde wird endlich einmal als selbstverständlich angesehen und geteilt, was man vertritt. Man kann sich entspannen und austauschen und ermutigen. Der Gottesdienst und andere Angebote kommen ebenfalls diesem Bedürfnis entgegen, wenn darin ein gewisses Maß an intellektueller Anregung und Herausforderung geboten wird, und wenn dazu eine Atmosphäre und eine Form der Gemeinsamkeit kommt, in der man sich als erwachsener Mensch ernstgenommen spürt und nicht das Gefühl hat, es würden einem von außen und oben her bestimmte Erwartungen und Autoritäten aufgedrängt.

Es versteht sich, daß junge Erwachsene auf diese Stufe des Glaubensbewußtseins gegenüber der Kirche eine aufgeschlossen-kritische Haltung einnehmen. Sie lehnen eine religiöse Führung in der Form einer „Hierarchie", einer „heiligen Herrschaft" ab, deren Vertreter versuchen, die Abhängigkeit der Laien festzuschreiben und zu vertiefen, indem sie auf ihre Ausbildung und besondere Weihe und auf den Geheimnischarakter des Glaubens und seiner Inhalte pochen. Nein, der junge Erwachsene möchte mit dem Prediger oder Pfarrer in die „Werkstatt" gehen und mit ihm kritisch die Quellen des Glaubens durchsehen und auswerten. Er möchte einen Glauben, der sich auf die Vernunft gründet und sich mit Vernunftgründen ausweisen kann, und nicht irgendwelche pseudo-mystischen, unverständlichen Lehren und Praktiken. Nein, er will einen Glauben, der ihm hilft, sich selber besser zu verstehen, sein Leben bewußter und verantwortlicher in die Hand zu nehmen und klare Aufgaben und Ziele zu erkennen.

– So weit in groben Strichen das Glaubensbewußtsein des jungen Erwachsenen. Ich hoffe, damit ein wenig von dem geboten zu haben, was ich gerade als Wunsch beschrieben habe: einen vernünftigen, hilfreichen Zugang zum Verständnis unserer selbst und unseres Glaubens.

Der Glaube im mittleren Erwachsenenalter

Die aufregende Zeit der Lebensmitte

Gleich darauf forderte er die Jünger auf, ins Boot zu steigen und an das andere Ufer vorauszufahren. Inzwischen wollte er die Leute nach Hause schicken. Nachdem er sie wegge-schickt hatte, stieg er auf einen Berg, um in der Einsamkeit zu beten. Später am Abend war er immer noch allein auf dem Berg. Das Boot aber war schon viele Stadien vom Land entfernt und wurde von den Wellen hin und her geworfen; denn sie hatten Gegenwind. In der vierten Nachtwache kam Jesus zu ihnen; er ging auf dem See. Als ihn die Jünger über den See kommen sahen, erschraken sie, weil sie meinten, er sei ein Gespenst und sie schrien vor Angst. Doch Jesus be-gann mit ihnen zu reden und sagte: Habt Vertrauen, ich bin es; fürchtet euch nicht! Darauf erwiderte ihm Petrus: Herr, wenn du es bist, so befiehl, daß ich auf dem Wasser zu dir komme. Jesus sagte: Komm! Da stieg Petrus aus dem Boot und ging über das Wasser auf Jesus zu. Als er aber sah, wie heftig der Wind war, bekam er Angst und begann unterzu-gehen. Er schrie: Herr, rette mich! Jesus streckte sofort die Hand aus, ergriff ihn und sagte zu ihm: Du Kleingläubiger, warum hast du gezweifelt? Und als sie ins Boot gestiegen waren, legte sich der Wind. Die Jünger im Boot aber fielen vor Jesus nieder und sagten: Wahrhaftig, du bist Gottes Sohn. Matthäusevangelium 14, 22–33

Wir können diese Geschichte Mt 14, 22–33 von der Bootsfahrt ans andere Ufer verstehen als eine Geschichte über unseren Lebensweg. Unser gesamtes Leben läßt sich vergleichen mit einer Reise über das Meer der Zeit ans Ufer der Ewigkeit.

In jungen Jahren reist man recht zuversichtlich und mit Abenteuerlust und Neugier durch dieses Leben, und man wartet geradezu ungeduldig darauf, älter zu werden und neue Horizonte zu entdecken. Das kann so bleiben während der ganzen ersten Lebenshälfte, in der man seine Familie gründet, seine Existenz aufbaut, seine Karriere verfolgt und stetes Wachstum erlebt. Man steht in der Fülle seiner Kräfte, ist voller Tatendrang und fühlt sich als Herr seiner selbst.

– Wir haben in der letzten Betrachtung gesehen, daß sich das auch auf das Glaubensbewußtsein auswirkt: der junge Erwachsene, wenn er ein bewußtes Glaubensleben pflegt, lebt mit dem Anspruch, einen vernünftigen Glauben zu haben, der ihm hilft, sich selber besser zu verstehen, sein Leben bewußter und verantwortlicher in die Hand zu nehmen und klare Aufgaben und Ziele zu erkennen, die er mit Selbstbewußtsein anpacken will und mit dem Optimismus, das Leben und seine Probleme ließen sich schon in den Griff kriegen.

Aber gegen die Lebensmitte, Ende der dreißiger, Anfang der vierziger Jahre kann geschehen, was unser Evangelium im Bild beschreibt: daß immer stärker Gegenwind aufkommt, daß das Lebens-Schiff von den Wellen schwer gebeutelt wird.

Ein Mann, der in den Vierzigern von einem Herzinfarkt aus der Bahn seiner Aktivitäten geworfen worden ist, hat die Folgen mit dem Bild umschrieben: „Mein Ich bekam plötzlich ein Leck."

Aber es muß nicht unbedingt eine Katastrophe sein, was da in das Leben einbricht und plötzlich alles in Frage stellen kann. Es kann einem auch ganz einfach zu Bewußtsein kommen: die Grenzen deines persönlichen äußeren Wachstums sind erreicht. Alle wesentlichen Weichen in deinem Leben sind längst überfahren; das, was du geworden bist und was du aufgebaut hast – dein Charakter, deine Familie, deine Karriere, dein Haus und Besitz, deine gesellschaftliche Stellung – all das läßt sich kaum mehr ändern und umgestalten. Die Freiheit, der schöpferische Autor deines Lebens zu werden, hast du schon fast ganz verspielt. Zu vieles ist schon endgültig festgeschrieben. Du findest dich in gewachsenen Pflichten und Zwängen, empfindest Leerstellen und Versäumnisse, die nicht mehr gutzumachen sind. Dann kann die Frage auftauchen: War das alles? Ist das der ganze Sinn deines Lebens gewesen? Gibt es nicht mehr?

Man spricht hier von der „Krise der Lebensmitte", in die jeder mehr oder weniger stark gerät. Nicht jeder setzt sich damit auseinander; viele überspielen sie mit hektischem Arbeiten, ruhelosem Sich-Zerstreuen oder fliehen einfach vor sich selber und machen sich und anderen vor, zufriedene Menschen zu sein. Martin Walser hat das in seiner Novelle „Ein fliehendes Pferd" anschaulich thematisiert. Oder Mircea Eliade legt in einem Roman einem Vierzigjährigen die Worte in den Mund: „ (Ich erkannte,) daß mein Leben elend Schiffbruch erlitten hatte und gescheitert war. Das ist ein Gefühl, das Sie nicht werden nachempfinden können, dieses Bewußtsein der gescheiterten Existenz. Das entdeckt man erst in reiferen Jahren, um die Vierzig, wenn man sich nicht mehr vormachen kann, man sei noch jung und werde schon irgendeinen Ausweg finden. Aber gerade die Illusion, daß man noch Zeit habe, etwas Neues zu beginnen, daß es einem noch möglich sei, dem moralischen Elend und der inneren Leere zu entkommen, gerade diese Illusion nährt das Gefühl des Scheiterns und des Schiffbruchs. Wäre man wirklich alt, so würde man vielleicht sein Schicksal hinnehmen und es nicht beklagen. Man glaubt eher, noch etwas retten zu können, und die Unfähigkeit, tatsächlich irgend etwas retten zu können, lähmt jede Initiative und wirkt verheerend" (Hochzeit im Himmel, Freiburg 1989, S. 191 f).

Es mag sein, daß solche literarischen Zeugnisse auf viele zu dramatisch, zu überzogen wirken. Das kann allerdings auch daran liegen, daß viele Menschen nicht sehr bewußt ihr Leben bedenken und sich gründlich Gedanken darüber machen, und folglich auch nicht deutlich genug registrieren, wie es um ihre „Seele", ihr geistiges Leben steht.

Dennoch: man braucht nicht unbedingt den pathetischen Eindruck zu haben, „Schiffbruch" im Leben erlitten zu haben, um gegen die Vierzig jedenfalls zunehmend zu spüren, daß das Leben komplizierter und mühsamer ist, und vor allem: daß man selber mehr Grenzen hat, als man in seiner Jugend gedacht hatte.

Das Selbstvertrauen, sein Leben „in den Griff zu kriegen", die Überzeugung, alles sei nur eine Frage der Vernunft, der soliden Planung und der konsequenten Willenskraft, wird durch die praktische Lebenserfahrung erschüttert. Der Mensch, der gedacht hatte, sein Leben selber in der Hand zu haben und es nach eigenem Belieben gestalten zu können, wird tagtäglich mit der Tatsache konfrontiert, daß er ganz massiv in einem Komplex von Systemen, von Gesetzmäßigkeiten und Pflichten eingebettet ist, den er nicht beherrschen kann und von dem er auf vielfältige Weise abhängig ist, ja der ihn mitschuldig werden läßt an Zuständen in der Welt, die er eigentlich ablehnt.

„Wer bin ich eigentlich?", kann man sich dann fragen. Bin ich wirklich ein selbständiges, freies Wesen? Oder bin ich bloß ein Bündel von Konventionen, von Wünschen und Antrieben, wie sie alle haben? Werde ich gelebt, manipuliert, herumgeschoben, genötigt – oder lebe ich wirklich gemäß einer eigenen, aus mir selber stammenden Regie? Statt sich als stolzer Gestalter seiner selbst zu erfahren, erlebt sich der Mensch dann eher als Lebewesen, das ständig angestrengt um ein bißchen Freiraum für sich selber kämpft in einer Welt voller Zwänge und Konventionen und Pflichten.

Aber es ist nicht nur die äußere Welt, die uns Grenzen auferlegt. Schmerzlicher vielleicht noch ist die Erkenntnis der eigenen Grenzen, Unfähigkeiten und Inkonsequenzen. Der Apostel Paulus hat diese Erfahrung auch gekannt und sie so beschrieben: „Ich begreife mein Handeln nicht: Ich tue nicht das, was ich will, sondern das, was ich hasse ... Folglich handle nicht eigentlich ich, sondern die in mir wohnende Sünde. Ich weiß, daß in mir ... nichts Gutes wohnt; das Wollen ist bei mir vorhanden, aber ich vermag das Gute nicht zu verwirklichen. Denn ich tue nicht das Gute, das ich will, sondern das Böse, das ich nicht will ... Ich stoße also auf das Gesetz, daß in mir das Böse vorhanden ist, obwohl ich das Gute tun will. Denn in meinem Innern freue ich mich am Gesetz Gottes, ich sehe aber ein anderes Gesetz in meinem Wesen, das mit dem Gesetz meiner Vernunft im Streit liegt und mich gefangenhält im Gesetz der Sünde, von dem ich beherrscht werde. Ich unglücklicher Mensch! Wer wird mich aus dieser Verfallenheit an den Tod retten?" (Röm 7, 15–24)

Ich habe fast den Eindruck, daß es dieser Erfahrung seiner selbst bedarf, um die „Frohe Botschaft" des Evangeliums überhaupt zu begreifen und aufnehmen zu können – und damit den Kern unseres christlichen Glaubens.

Wo jemand keine Krankheit sieht, will er auch keinen Arzt. Wo jemand sich der Brüchigkeit und Fragwürdigkeit seiner selbst nicht nüchtern und ehrlich bewußt geworden ist, will er auch keine Gnade und keine Erlösung, sondern pflegt weiter unerleuchtet sein Ich und jagt hinter seinen Illusionen her.

Darum halte ich die Lebensmitte für die aufregendste und wichtigste Zeit, den Glauben im eigentlichen Sinne zu entdecken. Aber merkwürdigerweise investiert die Kirche unendlich viel Zeit und Personal in den Religionsunterricht für Kinder und Jugendliche, die für die Fragestellung und Antwort des

Evangeliums noch gar nicht aufgeschlossen sind – und kümmert sich verhältnismäßig wenig um die Erwachsenen in der Lebensmitte.

Die grundlegende Erfahrung in der Lebensmitte wäre als eine Erfahrung der *Grenzen:* der Grenzen des Wachstums, der Grenzen seiner selbst, der Grenzen des Mach- und Erreichbaren, der Grenzen des Erkennens und des Könnens.

Auf dieser Stufe schwinden immer mehr die Klarheiten und Selbstverständlichkeiten von früher. Ich selber und die Welt erweisen sich als komplexer und unbegreiflicher, als ich gedacht hatte.

Mit 25 hätte ich klipp und klar meine Vorstellung von Gott, mein Lebensideal, meine Berufung beschreiben können. Heute, mit 46, „weiß" ich immer weniger. Das Leben ist geheimnisvoll und bringt immer neue Überraschungen und Erkenntnisse. Wie hat Jesus zu Petrus gesagt?

„Als du noch jung warst, hast du dich selbst gegürtet und konntest gehen, wohin du wolltest. Wenn du aber alt geworden bist, wirst du deine Hände ausstrecken, und ein anderer wird dich gürten und dich führen, wohin du nicht willst" (Joh 21,18).

Beachten wir, Jesus sagt das nach seiner Auferstehung zu einem kompletten Versager: zu dem Apostel, der begeistert nach dem Schwert gegriffen und gelobt hatte, für Jesus im Notfall bis zum letzten Blutstropfen zu kämpfen und mit ihm zu sterben – und der ihn dann jämmerlich und feige verraten hatte. Ihm, diesem Versager, diesem inkonsequenten Menschen, dieser widersprüchlichen Natur verspricht Jesus, daß ihn ein anderer gürten und führen werde und ihn nicht ins Verhängnis und in den Untergang führen werde, sondern – allerdings durch den Tod hindurch – in ganz neue Dimensionen und Weiten.

Petrus – das ist jeder von uns.

Und glücklich der Mensch, der, wenn er an seine Grenzen kommt, fähig ist, sich diskret aus der Selbstregie und Selbstinszenierung zurückzuziehen und sich der Führung durch den „Anderen" anzuvertrauen!

Glücklich der Mensch, dem dieser „Andere" nicht im Laufe seines seitherigen Lebens abhanden gekommen ist, weil er ihn völlig vernachlässigt hatte in seinem Wahn, selber der Schmied seines Glückes und folglich sein eigener Herrgott sein zu können!

Glücklich der Mensch, der die Wahrhaftigkeit und Demut aufbringt, seine Grenzen zuzugeben und sich vom Gesetz stolzer Eigen-Leistung zum Gesetz der Verzeihung und Gnade zu bekehren! Nicht zu verzweifeln an sich selbst und an der Welt, sondern Vergebung und Hoffnung von einem Gott zu erfahren, dessen unbegreifliche Güte ihm allmählich aufgeht.

Der Glaube im mittleren Erwachsenenalter nimmt, wo er gelingt, die Form der Weisheit, der Gnade und der Gelassenheit an. Er läßt immer mehr alle eindimensionalen Vorstellungen und Prinzipien fahren, weil er sieht, daß Gott, die Welt, das Leben und der einzelne Mensch komplexer sind, als er jemals geahnt hatte, und daß alle „einfachen" Erklärungen und Rezepte der Wirklichkeit nicht gerecht werden. Mit bloßer „Vernunft" – auf die der junge

Erwachsene gesetzt hatte – ist da nicht mehr viel anzufangen.

Wer darüber hinausgewachsen ist, für den werden Intuition, Inspiration, das „Hören mit dem Herzen" vorrangig. Er fängt an, auf tiefere Bewegungen des Geistes in seinem Innern zu achten; er sucht nach Wegen, auf denen er Dinge und Wahrheiten, die in seinen unbewußten Tiefen ruhen, erfassen, ins Bewußtsein heben und in sein Leben integrieren kann.

Er nimmt weiterhin die Verantwortung für sein Handeln in der Welt wahr, läßt sich aber nicht mehr nur von äußeren und sozialen Gesetzmäßigkeiten leiten, sondern von den zarten, aber nachdrücklichen Impulsen des Geistes führen.

Das eindrucksvolle Beispiel eines solchen Menschen war der 1961 bei einem Flugzeugabsturz verstorbene Generalsekretär der Vereinten Nationen Dag Hammarskjöld. In seinem Nachlaß fand man Tagebuchnotizen, die offenbarten, daß er trotz seines pausenlosen internationalen Einsatzes ein intensives mystisches Leben führte und in einer Art ständigen Bezogenseins auf Gott und die innere Stimme lebte und handelte.

Christen auf dieser Stufe entwickeln ein neues und tieferes Vertrauen in die christliche Tradition. Nicht in die äußerliche, institutionelle Tradition mit ihren unbefriedigenden, zum Teil geistlosen und geisttötenden Einrichtungen, Prinzipien und Aktivitäten, sondern in die tiefe geistliche Tradition, die im Verkündigungsalltag leider viel zu kurz kommt: in die Tradition der großen Heiligen und Mystiker, in die Tradition der Symbole, Lehren, Erzählungen und

Rituale, die Erkenntnis und Gnade erschließen, auf einer anderen Ebene als der Ebene der Vernunft und der Aktivitäten.

Ich denke, es gibt heute einen großen Bedarf an „esoterischen" Einsichten und Weisheiten, und der Markt wird überschwemmt mit pseudo-esoterischem Schnickschnack von oft unglaublicher Blödsinnigkeit.

„Esoterisch" meint: eine andere Dimension als diejenige unserer zweckmäßig, rational, geheimnislos und kalt organisierten modernen Welt. Menschen suchen das aus dem sicheren Instinkt, daß es „mehr als alles" geben muß, was wir uns äußerlich leisten können und was uns gewöhnlich ausfüllt.

Wir, die Kirche, haben all das zu bieten; aber wir verstehen es selber zu wenig, und unser Kirchen-Betrieb ist zu oberflächlich und aktivistisch geworden. – Darauf kann ich aber hier nicht weiter eingehen. Für unseren Zusammenhang ist wichtig, daß sich dem Glaubensbewußtsein im mittleren Erwachsenenalter die Dimension des Geheimnisvollen und Unbegreiflichen erschließt und daß sich damit ein faszinierendes neues Feld auftut.

Fruchtbarer als alle Diskussion wird dann die Meditation, fruchtbarer als alles Geschwätz werden die Feier und der Ritus, fruchtbarer als der Verstand werden die Einsichten des Herzens, die sich eher über Bilder, Dichtung, Musik und Leben erschließen als über Nachdenken und Theoretisieren.

Tiefere Lebensweisheit

Von dort zog sich Jesus in das Gebiet von Tyrus und Sidon
zurück. Da kam eine kanaanäische Frau aus jener Gegend
zu ihm und rief: Hab Erbarmen mit mir, Herr, du Sohn Da-
vids! Meine Tochter wird von einem Dämon gequält. Jesus
aber gab ihr keine Antwort. Da traten seine Jünger zu ihm
und baten: Befrei sie (von ihrer Sorge), denn sie schreit hin-
ter uns her. Er antwortete: Ich bin nur zu den verlorenen
Schafen des Hauses Israel gesandt. Doch die Frau kam, fiel
vor ihm nieder und sagte: Herr, hilf mir! Er erwiderte: Es ist
nicht recht, das Brot den Kindern wegzunehmen und den
Hunden vorzuwerfen. Da entgegnete sie: Ja, du hast recht,
Herr! Aber selbst die Hunde bekommen von den Brotresten,
die vom Tisch ihrer Herren fallen. Darauf antwortete ihr
Jesus: Frau, dein Glaube ist groß. Was du willst, soll gesche-
hen. Und von dieser Stunde an war ihre Tochter geheilt.

Matthäusevangelium 15, 21–28

Zunächst wollen wir einmal auf diesen Evangelien-
text Mt 15, 21–28 eine Einsicht anwenden, die wir
in den bisherigen Betrachtungen ausführlich erörtert haben: daß es im Glaubensleben unterschiedliche Bewußtseinsstufen gibt, auf denen man vor-
wärtsschreiten und reifen kann. Je nach Bewußtseinsstufe sieht der Zugang zu Gott anders aus
und versteht man auch die Bibel auf unterschiedliche Weise.

Wir überlegen jetzt, wie sich dieser relativ einfache Bibeltext Mt 15, 21–28 für unterschiedliche Stufen unterschiedlich erklären läßt.

– Da gäbe es zunächst die sozusagen kindlich-„moralische" Deutung: Hab Glauben und vertrau auf Gott; bete hartnäckig, ja aufdringlich zu ihm, und er wird nicht anders können, als dich zu erhören.

– Dann gibt es die geschichtlich-„vernünftige" Deutung. Sie sagt: Wir haben hier einen Bericht vor uns, aus dem wir schließen können, Jesus habe seinen Auftrag ursprünglich darin gesehen, nur im Volk Israel zu wirken und nur sein eigenes Volk zu neuem Glauben zu erwecken. Erst im Laufe seiner Tätigkeit hat er erkannt, daß sein Auftrag umfassender sei und er alle Menschen mit einbeziehen solle. Darauf hat ihn unter anderem die Begegnung mit dieser Frau aufmerksam gemacht. Von besonderem Reiz an der Geschichte ist übrigens, daß ausgerechnet eine *Frau* ihn korrigiert und eines Besseren belehrt hat und daß er bereit war, sich von ihr etwas sagen zu lassen. Wir können kaum mehr ermessen, wie unerhört das für die damalige Männergesellschaft gewesen ist, und auch wie ungewöhnlich es ist, daß so etwas in die heiligen Schriften aufgenommen wurde.

– Schließlich gibt es eine dritte, sozusagen erwachsen-„symbolische" Deutung. Sie besagt: Gottes Heil sprengt alle Grenzen und Kategorien, und jeder von uns ist berufen, in dieses Maß hineinzuwachsen. Da zählt keine Zugehörigkeit zu dem oder jenem Volk mehr, keine Tradition, sondern da zählt der aufrichtige, der suchende, der bedürftige Mensch. Wo immer Menschen ehrlich und wahrhaftig suchen und leben, da dürfen sie der helfenden, heilenden Zuwendung Gottes gewiß sein und sich an seinen Tisch geladen wissen.

Diese letzte Deutung mit ihrem entgrenzenden Charakter entspricht unserer sechsten Stufe des Glaubensbewußtseins, die wir derzeit betrachten: der Stufe des Glaubens im mittleren Erwachsenenalter.

In diesem Alter geht einem auf, wie sinnvoll es ist, daß Gott „seine Sonne über Bösen und Gerechten aufgehen läßt, und daß er regnen läßt über Gerechte und Ungerechte." (Mt 5,45)

In früheren Jahren ist einem das als ungerecht erschienen, und man hat sich womöglich aufgelehnt dagegen, daß Gott nicht ganz klar die Guten belohnt und die Bösen bestraft. Jetzt dämmert einem allmählich, daß man selber von dieser Güte Gottes lebt und auf sie angewiesen ist. Es wäre furchtbar, wenn er nicht „größer als unser Herz" (1 Joh 3,20) wäre.

Uns geht auf, daß die Einteilung in „Gute" und „Böse" gar nicht stimmt, denn die Grenze zwischen Gut und Böse geht mitten durch das Herz eines jeden Menschen. „Auf dieser Ebene hört die Trennung zwischen den Gläubigen und den Ungläubigen auf, kristallklar zu sein. Es stimmt nicht, daß manche Menschen ganz richtig und manche ganz falsch liegen: Alle müssen sich durch eine verworrene Mehrdeutigkeit kämpfen. Jeder ist mehr oder weniger ein Ungläubiger. Nur wenn man diese Tatsache voll und ganz erfährt, annimmt und mit ihr lebt, wird man fähig, die schlichte Botschaft des Evangeliums zu erfassen." (Thomas Merton)

Ein unreifer Sektierer wird nie so sprechen. Er

wird immer sagen: „Ich habe die Wahrheit und das Heil gefunden – und ihr Draußenstehenden seid im Irrtum." Er wird immer auf irgendeine Weise die Menschen in schwarze und weiße Schafe, in Ausgeschlossene und Dazugehörige einteilen. Ihm kommt diese tiefere Lebensweisheit und Sicht wie das Wischi-Waschi der Unverbindlichkeit und Unklarheit vor, weil ihm eine reife Erfahrung und Einschätzung seiner selbst fehlt.

In Wirklichkeit bewirkt diese reifere Glaubens- und Lebenseinstellung keine Wischi-Waschi-Gleichmacherei und -Gleichgültigkeit, sondern sie verlegt das Unterscheiden von der Oberfläche und Äußerlichkeit in eine größere Tiefe und ist radikaler in ihrem Anspruch auf Echtheit und Ehrlichkeit: nicht Formalitäten zählen, sondern das Leben und das Herz. Es gibt unendlich vieles auf Gottes Erdboden, was eigentlich – nach Ansicht der Systematiker, der Dogmatiker, der Moralisten – gar nicht sein darf und was es doch gibt. Das Leben läßt sich in kein Schema pressen, und Gott erst recht nicht. Daß Schemata und Einteilungen dennoch in der Entwicklung des menschlichen Bewußtseins und des Glaubens ihren unentbehrlichen Sinn haben, das habe ich früher ausführlich genug gezeigt. Aber von einem bestimmten Punkt an dürfen sie das Leben nicht mehr einengen, sondern müssen es freisetzen.

Die Einstellung eines Menschen mit einem reifen Glaubensbewußtsein ist gekennzeichnet von Bedächtigkeit und zugleich, nach allen Kämpfen und schweren Erfahrungen und allem Ernst, von einer ganz eigenen Art von Leichtigkeit und Humor. Es ist ein typisches Merkmal unreifer Sektierer und Fanatiker, humorlos zu sein und nicht von Herzen lachen zu können.

In einem interessanten Buch über „Die Gedankenwelt der großen Schwaben" (von H. O. Burger, Stuttgart 1978) habe ich gelesen, typisch für schwäbisches Denken sei es, das „Entweder-Oder"-Denken in scharfen Gegensätzen zu überwinden durch ein dialektisches „Sowohl-Als-auch".

Geistesgeschichtlich wird der Däne Kierkegaard als typisch für das eher norddeutsche, skandinavische Denken in Gegensätzen genannt, und für die schwäbische, eher synthetische Einstellung der schwäbische Philosoph Hegel. Wörtlich heißt es in dem Buch:

„Das eben ist das Charakteristikum des Schwaben, das sich in der Stammtischpolitik des Philisters wie im Werk des Genies geltend macht, daß er kein Entweder-Oder anerkennt, daß er die Gegensätze des Denkens und Wertens wohl empfindet, aber, statt nun einen von beiden zu vernichten, sie vielmehr mit einem ‚Sowohl-Als-Auch' oder ‚Weder-Noch' oder gar gleichzeitig auf beide Arten zu versöhnen sucht. Von dem Erzschwaben Ludwig Uhland geht die Anekdote, daß er schweigend der Debatte seiner Freunde zuzuhören pflegte und schließlich, um seine eigene Meinung gefragt, erklärte: ‚Jede Sache hat halt ihre zwei Seiten.' (Und) in schwäbischen Bauern- und Wirtsstuben (kann man) nicht selten das bedächtige Wort hören: ‚So isch's no au wieder' ... ‚Das Wahre ist das Ganze', sagt Hegel. Darum kann der Schwabe niemals irgendeinen aus-

154

schließlichen oder alles beherrschenden Primat anerkennen, ihm fehlt jeder Fanatismus ... Es ist dies die
kontemplative, ästhetische und spekulative, zugleich
aber dem Verstand gegenüber kritische, ja skepti-
sche Einstellung des Schwaben" (S. 9 f).

Der Verfasser führt dann weiter aus – alles zu zitieren, wäre zu lang –, daß die schwäbische Mentali-
tät die Einheit hinter allen Gegensätzen, die wahre
Wirklichkeit und Weisheit suche – also das wahre
Sein jenseits aller Gegensätze. Dann schreibt er weiter: „Nicht ganz fern steht solcher Tiefsinn dem
‚Leichtsinn', wenn man damit jene vor allem in
Österreich heimische Ironie meint, die alle Seiten
einer Sache sieht, alles Für und Wider, der das aber
nicht zur Problematik wird, aus der sich schließlich
ein System gebiert, sondern zum resignierten Spiel,
zum Jonglieren mit allen Bällen über dem Abgrund.
Der Schwabe und der Österreicher erscheinen hier
wie zwei Brüder einer übrigens größeren Familie:
bedächtig und schwerfällig der eine, leichtbe-
schwingt der andere, und beide doch im Innersten
verwandt, Philosoph und Musiker." So weit diese Zitate. Sie alle wissen: „Der Schwabe wird mit vierzig
g'scheit." Versteht man dieses „G'scheitwerden" im
beschriebenen Sinn, dann würde es also recht genau
jenem Reifungsgrad entsprechen, den das Glaubensbewußtsein des Menschen um die Lebensmitte im
Idealfall erreichen kann – anscheinend auch bei
Nicht-Schwaben ...

Die Fähigkeit, die Wahrheit in der Form von Wi-
dersprüchen gelten zu lassen, reißt für das Denken
und Erfahren ganz neue, faszinierende Horizonte

auf. Uns wird bewußt, daß wir eigentlich bloß stammeln, wenn wir von Gott sprechen. Er ist der Zusammenfall aller Gegensätze – unvorstellbar für uns, aber wahrer und wirklicher als alle unsere glatten, allzu stimmigen Vorstellungen über ihn.

Er ist in der Welt und doch unendlich über der Welt,

er ist die Liebe und doch auch die Gerechtigkeit,

er ist der Allmächtige und doch auch der mit uns Schwache,

er ist der Herr der Geschichte und doch auch der Gekreuzigte.

Von ihm läßt sich eher in Bildern und Symbolen sprechen als in Begriffen, eher in Geschichten und Legenden als in Definitionen, eher in Gedichten und Liedern als in Prosatexten.

Das führt zu einem Übersteigen des Vernunftdenkens. Hatte man in der Jugendzeit alle vermeintlich „kindischen" Geschichten, Bilder und Symbole verworfen und sie mit dem Verstand zu erklären und ihren „eigentlichen" Sinn herauszudestillieren versucht – wodurch die religiöse Bilderwelt verarmt ist –, so kann einem jetzt eine „zweite Naivität" geschenkt werden. Darauf dürfte das Wort Jesu anspielen: „Wenn ihr nicht werdet wie die Kinder, könnt ihr nicht in das Himmelreich kommen." (Mt 18,3) Jesus empfiehlt nicht die Rückkehr zu einer infantilen, kindischen Einstellung, sondern die Hinkehr zu einer reifen Kind-haftigkeit. Auf dieser Stufe kann es einem gelingen, sich selbst als Kind und den Gott der eigenen Kindheit wiederzufinden, inmitten und jenseits alles kritischen Denkens. Mit einem Mal sagen auch die Geschichten und Märchen, Sagen und Legenden, Symbole und Bilder sehr viel mehr als theoretische Gedanken; zusehends wird man sich des Geheimnisvollen und Unbegreifbaren bewußt, das uns aus solchen Medien anrührt.

Man lernt dann auch, sich selbst mit seiner inneren Widersprüchlichkeit anzunehmen, lernt klar zu sehen:

In mir ist Konstruktives und Destruktives,

in mir ist Heiligkeit und Sünde,

mein bloßes Dasein hat helle und dunkle Auswirkungen:

ich mache andere Menschen froh, ich belaste aber auch andere und füge ihnen Schmerzen zu, vielleicht ohne es zu wollen;

ich habe bewußte und unbewußte Seiten, deren Auswirkungen und Folgen ich selbst gar nicht ganz beherrsche.

Tiefe Selbsterkenntnis und ein Stehen zu sich selbst aus dem Vertrauen, von Gott so bejaht zu werden, wie man ist, hilft zur Erkenntnis dessen, was Menschsein heißt.

Wir bestehen alle aus demselben Stoff und unterliegen denselben Fehlern und Schwächen, derselben Bosheit und Ruhmessucht.

Wem das wirklich aufgeht, der ist fähig, auf Menschen, die anders sind als er selbst, ganz tief einzugehen, ohne sie beherrschen zu wollen oder sich gegen sie abzugrenzen.

Ein untrügliches Merkmal des Sektierers und Fanatikers dagegen ist gerade das: andere zu beherrschen, zu vereinnahmen – oder sich gegen sie energisch abzugrenzen. Im Tiefsten wird er von Unsicherheit und Angst und Zwang getrieben.

Wer ein reifes Glaubensbewußtsein entwickelt hat, fühlt sich von niemandem bedroht und in Frage gestellt. Er läßt andere gelten, wie sie sind und denken. Er entwickelt ein lebhaftes Interesse, mit Personen und Gruppen in Verbindung zu treten, die sich von ihm und seinen Überzeugungen unterscheiden; er ist offen für die herausfordernden Wahrheiten derer, die ganz andere Auffassungen haben als er selbst; ja, er möchte mit dem „Anderen", noch Unbekannten in sich selbst, in Gott und in den Mitmenschen in Beziehung treten.

Denn er weiß zutiefst, daß Heil und Erlösung nicht aus ihm selbst kommen können, sondern von anderswoher, vom Anderen, vom Unbekannten. Dieser Andere, Unbekannte könnte jeder andere Mensch, jeder Fremde für ihn sein. Hat Christus nicht angekündigt, er werde verborgen in der Gestalt der Geringsten seiner Brüder bei uns anklopfen?

Für den Christen ist der befreiende und erlösende „Fremde" im Tiefsten Jesus Christus selbst. Ihn immer tiefer zu „erkennen", ist nach dem heiligen Paulus der Weg ins neue Leben.

Um hier das Bild des reifen Glaubensbewußtseins eines Erwachsenen nicht zu ideal zu malen, will ich noch kurz auf Gefährdungen dieser Stufe hinweisen. Wer auf dieser Stufe steht, den kann zuweilen ein Gefühl tiefer kosmischer Einsamkeit und Heimatlosigkeit befallen. Wenn Gott ganz anders ist, als wir ihn uns vorstellen, wenn er unverfügbar und unbegreiflich ist, wenn jede Offenbarung seine zugleich noch größere Verhüllung zu Bewußtsein bringt, dann kann einen seine Fremdheit plagen. Zugleich kann einem der Umstand, von ihm fasziniert zu sein, das Gefühl geben, sehr fremd in der eigenen Umgebung zu sein, weil man diese Einsicht und Erfahrung mit niemandem teilen kann.

Die Offenheit für das Zeugnis und die Wahrheit anderer Traditionen kann die Bereitschaft schwächen, unseren Auftrag auszuführen, aktive Zeugen unseres christlichen Glaubens zu sein.

Das Wissen, in riesige, komplexe Systeme verstrickt zu sein, kann ein Gefühl der Lähmung hervorrufen und zum Rückzug in eine private Welt der Innerlichkeit führen. Wenn alles so viele Seiten hat, wenn die Wirklichkeit und Wahrheit so viele Zugänge besitzt, kann man vor lauter Bäumen den Wald nicht mehr sehen und in eine Art Unbeweglichkeit verfallen.

Dann ist es gut, daß es Menschen gibt, die auf anderen Stufen stehen und andere, vielleicht einseitige Schwerpunkte haben, die dann anstoßend, herausfordernd und korrigierend wirken.

Dann ist es gut, eine *Gemeinschaft* der Glaubenden zu sein.

SIEBTE STUFE:

Der Glaube im Alter

Die Welt mit Gottes Augen sehen

Als Jesus in das Gebiet von Cäsarea Philippi kam, fragte er seine Jünger: Für wen halten die Leute den Menschensohn? Sie sagten: Die einen für Johannes den Täufer, andere für Elija, wieder andere für Jeremia oder sonst einen Propheten. Da sagte er zu ihnen: Ihr aber, für wen haltet ihr mich? Simon Petrus antwortete: Du bist der Messias, der Sohn des lebendigen Gottes! Jesus sagte zu ihm: Selig bist du, Simon Barjona; denn nicht Fleisch und Blut haben dir das offenbart, sondern mein Vater im Himmel. Ich aber sage dir: Du bist Petrus, und auf diesen Felsen werde ich meine Kirche bauen, und die Mächte der Unterwelt werden sie nicht überwältigen. Ich werde dir die Schlüssel des Himmelreiches geben; was du auf Erden binden wirst, das wird auch im Himmel gebunden sein, und was du auf Erden lösen wirst, das wird auch im Himmel gelöst sein. Dann befahl er den Jüngern, niemand zu sagen, daß er der Messias sei.

Matthäusevangelium 16, 13–20

Viele von uns machen im Sommer Urlaub, nehmen Abstand von ihrem Alltagsleben und kommen mit frischer Energie wieder heim. Ich gehe fast jedes Jahr im September mit meinen Turnkameraden einige Tage ins Gebirge und erlebe da immer wieder, wie die majestätische Bergwelt, ihre Weite, ihr Schweigen den Menschen in ganz andere Perspektiven versetzen. Plötzlich kommt einem all das Jagen und Rennen, Sorgen und Schaffen der Menschen in den Tälern drunten ganz unwirklich und unwichtig vor; von der Berglandschaft her gesehen, wirkt es wie das Gewimmel mickriger Ameisen. Und wir selber kommen uns vor der gewaltigen, uralten Felsenkulisse plötzlich ganz winzig und vergänglich vor.

Aus dem Neuen Testament erfahren wir, daß Jesus immer wieder auf den Berg gegangen ist, um zu beten. In Israel stand ihm kein Hochgebirge zur Verfügung, aber jedenfalls eine Erhebung, die ihn heraus-gehoben hat aus der unmittelbaren Verwicklung in Alltägliches. Vor allem vor wichtigen Entscheidungen, etwa vor der Auswahl seiner Apostel, oder vor wichtigen Reden hat er die ganze Nacht auf dem Berg zugebracht. Immer wieder brauchen auch wir den Abstand, um neu Augenmaß zu nehmen und das Wichtige vom Unwichtigen unterscheiden zu können.

Der Kirchenvater Gregor von Nyssa vergleicht Gott mit einem unendlich hohen Berg, und an den Psalmvers „Du allein bist in Ewigkeit der Allerhöchste, o Herr" knüpft er die Betrachtung an, das geistliche Leben des Menschen sei wie das Besteigen eines Berges, der Gott darstelle, und in Ewigkeit sehe man den Gipfel über sich, werde ihn aber gar nie übersteigen, sondern beim ewigen Aufstieg immer neue Landschaften und Perspektiven entdecken. Mir gefällt diese Vorstellung vom „Himmel" als einer ewigen abenteuerlichen Entdeckungsreise, die gar nie enden wird.

In Gedanken haben wir in unseren bisherigen Betrachtungen ebenfalls eine Entdeckungsreise oder – wenn Sie wollen – Bergtour unternommen: wir haben sieben Stufen des Glaubensbewußtseins erstiegen und stehen heute auf der obersten, der siebten.

Sie erinnern sich, daß wir die Entwicklung des Glaubensbewußtseins, wie sie im Idealfall verlaufen könnte, eingezeichnet haben in die Lebenskurve des Menschen; jedem Lebensalter könnte eine bestimmte Art des Glaubensbewußtseins entsprechen.

In Wirklichkeit wird das selten so ideal verlaufen; viele bleiben sehr früh stehen, andere finden früh zu Reife und Weisheit. Auf jeden Fall, so hoffe ich, kann uns diese Darstellung helfen, für uns selbst einen faszinierenden Weg zu entdecken. Sie kann auch hilfreich sein im Dialog zwischen den Generationen und Mentalitäten: denn viele Mißverständnisse und Kontroversen lassen sich vermeiden, wenn man sich im klaren ist, von welcher Stufe her ein Gesprächspartner diskutiert. Viele Dinge sehen wir unterschiedlich, weil wir auf unterschiedlichen Stufen stehen, so wie Innsbruck vom Bahnhof aus anders aussieht als von der Innbrücke her, und von der Hafelekarbahn aus anders als vom Hochgebirge her – und doch ist es immer das gleiche Innsbruck. Ein Streiten darüber, wer „Recht" hat und richtig sieht, hilft wenig zur Klärung und Verständigung.

Die Stufe, die wir jetzt betrachten, bezeichne ich als den „Glauben im Alter" und ordne ihn damit dem Ende, dem Gipfelpunkt des irdischen Lebens zu. Ich muß aber gleich sagen, daß in Wirklichkeit nur sehr wenige Menschen, gleich welchen Alters, dieses Ideal erreichen. Die Stelle unserer Sonntagslesung im Römerbrief 11,33–36 paßt zu dieser Stufe: ein staunender Ausruf des heiligen Paulus über die Unergründlichkeit und Unbegreiflichkeit Gottes:

„O Tiefe des Reichtums,
der Weisheit und der Erkenntnis Gottes!
Wie unergründlich sind seine Entscheidungen,
wie unerforschlich seine Wege!
Denn wer hat die Gedanken des Herrn erkannt?
Oder wer ist sein Ratgeber gewesen?"

(Röm 11,33–34)

Den heiligen Paulus hat eine Ahnung davon gepackt, und er hat selber ein wenig von der Tiefe des Reichtums, der Weisheit und der Erkenntnis Gottes verkostet.

Stellen Sie sich nun vor, ein Mensch würde es fertigbringen, nicht mehr von sich und von der Welt her auf Gott zu schauen, sondern sozusagen mit Gott und von Gott her auf sich und die Welt, also nicht vom Tal zum Gipfel, sondern von den Hängen hoch droben, nahe beim Gipfel, ins Tal.

Das setzt eine unglaubliche Fähigkeit voraus, sich selbst zu vergessen, aus sich selbst herauszutreten und vom anderen her, mit den Augen des anderen sehen zu können.

Im letzten kann das der Mensch von sich aus gar nicht, sondern es muß ihm geschenkt werden, daß er sich selbst genommen und sozusagen in Gott hinein entrückt wird.

Aber beachten Sie, daß die gesamte Entwicklung,

die wir betrachtet haben, eine Entwicklung von sich selbst weg gewesen ist. Dieses letzte Sich-selbst-genommen-Werden liegt also in der Logik, in der Fortsetzung dieser Entwicklung, und wir können sie uns als Fortsetzung dieses Reifungsprozesses vorstellen.

Schauen wir kurz zurück. Ein Säugling ist seinem Erleben nach noch eins mit seiner Umgebung; er erfährt noch keine Wirklichkeit, die ihm gegenübersteht, sondern sein Ich ist noch verschmolzen mit der Umwelt. Das Kleinkind kennt nichts als sein Ich – aber das ist schon falsch gesagt: weil „kennen" bereits ein Abstandnehmen und Anschauen voraussetzt, und gerade das kann ein Säugling noch nicht. Er *ist* nichts als sein Ich (und folglich ist er naturnotwendig ein kleines Bündel von rücksichtslosem Egoismus).

Die Kunst, ein reifer Mensch zu werden, besteht zu einem guten Stück, wenn nicht sogar im wesentlichen darin, sein Ich aus der anfänglichen Lage im Zentrum wegzurücken.

Schritt um Schritt fügt sich das Ich in das größere Ganze ein: zunächst in die Menschengemeinschaft – erst gezwungenermaßen, dann aus Klugheit und Anpassung, schließlich (wenn es gut geht) aus Überzeugung.

Der Sinn für das Gemeingut kann erwachen – tut es nicht immer –, und damit die Fähigkeit, eigene Ansprüche zugunsten des gemeinsamen Vorteils zurückzustellen. Das Vermögen, sich in andere hineinzudenken, kann sich entwickeln; man kann es lernen, sich und andere mit den Augen anderer zu sehen.

Dennoch versucht fast jeder recht lange im Leben, selber der Schmied seines Glückes zu bleiben, auch wenn seine Freiheit zur eigenen Gestaltung seines Lebens durch vielerlei Zwänge, Pflichten, Notwendigkeiten und Schwächen immer mehr eingeengt wird.

Ein qualitativer Sprung weg vom Ich wäre es dann, den Anspruch auf Selbst-Inszenierung seines eigenen Lebens aufzugeben und sich nicht irgendwelchen innerweltlichen Instanzen anzuvertrauen, sondern einem Größeren, *Gott*. Es setzt allerdings eine beträchtliche Fähigkeit voraus, sein Ich und seine eigenen fixen Ideen zurückzunehmen und *hören* zu können auf die Anregungen des Geistes; eine beträchtliche Fähigkeit, von sich selbst abzusehen und sich in *Gott* hineinzudenken. Die beste Einübung in solches Loskommen vom eigenen egoistischen Denken und Planen ist, nebenbei bemerkt, das ständige Bemühen, sich in andere *Menschen* einzufühlen. Am besten dazu hilft eine echte Liebe zu einem oder zu den anderen Menschen.

Die Entwicklung und Reifung besteht also darin, sein Ich, das am Anfang des Lebens allbeherrschend und allfordernd in der Mitte steht, immer mehr aus der Mitte herauszubewegen und sich dieses Ich in der Hingabe und Liebe nehmen zu lassen. Dazu gehört natürlich das Vertrauen, daß, wer sein Leben, sein Ich hergibt, es in Wirklichkeit erst richtig finden wird (vgl. Joh 12,24).

Auf der höchsten Stufe nun steigt das Ich weit über die Grenzen sozialer Schicht, Nation, Rasse, ideologischer Zugehörigkeit und religiöser Tradition hinaus, oder besser: es wird sozusagen über sich hinausgezogen, und es verwurzelt sich auf eine qualitativ neue Art in Gott und hat teil an ihm. Damit ist die Dezentrierung des Selbst an ihr Ziel gekommen. Der heilige Paulus beschreibt diesen Zustand, wenn er sagt: „Nicht mehr ich lebe, sondern Christus lebt in mir" (Gal 2,20). Und: „Ihr seid gestorben, und euer Leben ist mit Christus verborgen in Gott" (Kol 3,3).

Der heilige Bernhard hat diese Erfahrung ebenfalls beschrieben:

„... daß der Geist, trunken von göttlicher Liebe, sich selbst vergißt, wie ein Gefäß in sich selbst zerbricht, ganz in Gott eingeht, Gott umarmt und *ein* Geist mit ihm wird ... (Es ist) gleichsam, als wärest du nicht mehr; du spürst dich selbst nicht mehr, bist deiner selbst entledigt und nahezu zu nichts geworden. Wie ein kleiner Wassertropfen, der in ein Glas Wein fällt, sich scheinbar ganz auflöst, indem er den Geschmack und die Farbe des Weines annimmt; und wie ein glühendes und leuchtendes Eisen ganz wie das Feuer wird und seine frühere eigene Form ablegt; und wie die Luft, durch die ein Sonnenstrahl fällt, in die gleiche lichtvolle Klarheit verwandelt wird, so daß sie nicht nur erleuchtet, sondern selbst Licht zu werden scheint: so verflüssigt sich alles Wollen und Lieben des Menschen und fließt ganz in das Wollen Gottes ein. Zwar bleibt die Substanz des Menschen, aber in einer anderen Form, in einer anderen Herrlichkeit, in einer anderen Potenz."

Das klingt jetzt vielleicht zu enthoben, zu unzugänglich. Aber ich kenne Menschen (sogar jüngere

Menschen), die zumindest dem sehr nahe gekommen sind. Sie sind sozusagen „Siedler des Gottesreiches", leben in einer intensiven Verbundenheit mit Gott, die sie mehr oder weniger als Dauerzustand erleben. Solche Menschen lassen vielleicht alle Formen der Frömmigkeit und des Betens hinter sich und verweilen in einem einfachen Sich-an-Gott-Halten.

Nicht mehr ihr Ich ist der Hauptbezugspunkt für Erkenntnis und Tun, sondern Gott. Sie erkennen und bewerten *von Gott her* die Welt und die Menschen. Aus dieser Perspektive sehen sie ihre früheren Feinde in neuer Weise als Kinder Gottes, die radikaler und erlösender Liebe bedürfen. Ihr Kampf gegen das Böse im Innern des Einzelnen und der Gesellschaft ist konsequent gewaltlos, und sie bemühen sich aktiv, die Zustände in der Welt im Sinne des Reiches Gottes, im Sinne von Gerechtigkeit und Liebe zu verändern, indem sie sich selbst hingeben. Mit einer offensichtlichen heiteren Torheit setzen sie darauf, daß Zuneigung und Liebe die Macht besitzen, alle Dämonen der Selbstsucht und Grausamkeit, von denen die Menschen besessen sind, fortzulieben. Von ihnen geht absolut nichts Bedrohliches aus, und jeder, der ihnen begegnet, spürt sich spontan angenommen, verstanden und geliebt. Darum strahlt etwas unendlich Warmes, Befreiendes, Ermutigendes von ihnen aus.

Ihr Herz und Wille ist derart tief in die Absichten Gottes mit unserer Welt verankert, daß sie anfangen, so zu leben, als sei Gottes Reich der Gerechtigkeit und Liebe schon eine entscheidende Wirklichkeit unter uns. Das wirkt erneuernd und herausfordernd,

und zugleich wirkt es ärgerniserregend und absto-
ßend. Denn wir spüren: eigentlich haben sie ja recht;
wirkliches Menschsein in Fülle, Freiheit und Vollendung würde schon ungefähr so aussehen. Irgend etwas daran zieht uns an und beunruhigt uns. Wenn
wir ganz ehrlich sind, müssen wir zugeben: Ja, sie
führen uns unsere Lauheit vor Augen, unsere Erstarrung, unsere faulen Kompromisse, unsere Anpassung an die „Welt", und folglich unsere Weigerung,
Gott buchstäblich zu glauben und zu vertrauen.

Aber dann begehren wir auf: Wo kämen wir da
hin, wenn jeder so leben würde? Was für unmögli-
che Folgen hätte das? Und dann ziehen wir uns zurück auf die Feststellung: Die Welt ist nun einmal
nicht ideal eingerichtet, ziehen uns zurück auf unseren tatsächlichen „Glauben": auf den Glauben nämlich, daß die gegenwärtigen Verhältnisse – jedenfalls
für *uns* – doch immer noch die besten und ange-
nehmsten sind, und offenbaren damit, daß für uns
halt doch noch das Ich recht behäbig im Zentrum
sitzt, und noch nicht Gott. Ja, halten wir ruhig fest:
ein zur Fülle des Glaubens, der Hoffnung und der
Liebe gelangter Mensch steht sperrig, provozierend
und ärgerniserregend in dieser unserer Welt und sogar in unserer Kirche. Es wäre schlimm, wenn es anders wäre: denn dann wäre unser Glaube womöglich
doch bloß ein Kult unserer selbst.

Auch Personen, die in etwa die siebte und höchste
Stufe des Glaubensbewußtseins erreicht haben, bleiben im übrigen endliche Geschöpfe. Sie sind weder
unbedingt moralisch vollkommen noch psychisch
perfekt ausgeglichen. Sie behalten manche blinde

Flecken, manche innere Widersprüche, bleiben vielleicht beeinträchtigt in ihrer Beziehungsfähigkeit. Darauf kommt es nicht an.

Worauf es ankommt, ist: sie haben alle Selbstrechtfertigung völlig aufgegeben und gründen sozusagen in Gott. Das schenkt ihnen eine neue Qualität der Freiheit im Umgang mit sich und anderen.

Das Faszinierende an ihnen ist, daß sie – im stillen oder öffentlich – so leben, als ob das Reich Gottes bereits unter uns Wirklichkeit wäre. Dadurch schaffen sie Zonen der Befreiung und Erlösung in unserer Welt, und diese Zonen wirken auf uns andere sowohl bedrohlich als auch befreiend.

Sie halten die Vision lebendig von der Vollendung der ganzen Schöpfung, die Vision vom Einssein aller Geschöpfe in Gott, und sie fangen schon ein klein wenig an, sie zu leben. Es ist, neutestamentlich gesprochen, die Vision vom himmlischen Hochzeitsmahl, wo alle im Glanz der Gegenwart Gottes zusammensitzen werden, wo Wunden geheilt und Feindseligkeiten getilgt werden und wo Nahrung für jeden da sein wird.

Der weise alte Mensch

Einer von den führenden Männern fragte Jesus: Guter Meister, was muß ich tun, um das ewige Leben zu gewinnen? Jesus antwortete: Warum nennst du mich gut? Niemand ist gut außer Gott, dem Einen. Du kennst doch die Gebote: Du sollst nicht die Ehe brechen, du sollst nicht töten, du sollst nicht stehlen, du sollst nicht falsch aussagen; ehre deinen

Vater und deine Mutter! Er erwiderte: Alle diese Gebote
habe ich von Jugend an befolgt. Als Jesus das hörte, sagte er:
Eines fehlt dir noch: Verkauf alles, was du hast, verteil das
Geld an die Armen, und du wirst einen bleibenden Schatz
im Himmel haben; dann komm und folge mir nach! Der
Mann aber wurde sehr traurig, als er das hörte; denn er war
überaus reich. Jesus sah ihn an und sagte: Wie schwer ist es
für Menschen, die viel besitzen, in das Reich Gottes zu kom-
men! Denn eher geht ein Kamel durch ein Nadelöhr, als daß
ein Reicher in das Reich Gottes gelangt.

Lukasevangelium 18, 18–25

Was in diesem Mann vorgeht, kennen wahrscheinlich die meisten von uns. Man muß das bloß ein wenig aus der Sprache des alten Textes in unsere
Sprache umsetzen.

Da ist ein reicher Mann. Wir müssen das Wort
„reich" nicht pressen, sondern können uns darunter
einen Menschen vorstellen, der in geordneten Ver-
hältnissen lebt, seine Familie, sein Haus, seine berufliche Position, seinen angemessenen Wohlstand hat,
wie es hier bei uns üblich ist, kurz: das ist ein
Mensch, Mann oder Frau, wie wir sie hier im Dorf
zu Hunderten treffen. Es sind anständige Menschen,
die nicht die Ehe brechen, keinen umbringen, nichts
stehlen – ausgenommen die Schummeleien und
Tricks, die allgemein üblich sind –, gutsituierte, als
ordentlich geltende Menschen.

Manchmal kann es solche Menschen überkom-
men, und sie wissen nicht genau, was das ist: eine
Sehnsucht, eine Wehmut, ein Gefühl, etwas ganz an-

deres zu wollen – weil das doch eigentlich nicht alles im Leben sein kann, dieser stressige, kleinbürgerliche, im wesentlichen um sich selber kreisende Alltag.

Man kann kurzfristig ausbrechen – und deshalb reisen auch wahrscheinlich heutzutage so viele Menschen geradezu fluchtartig in den Urlaub, sobald ein paar Feier- und Urlaubstage zusammenfallen. Sie fahren möglichst weit fort, und ich habe fast den Eindruck, sie bewohnen im Grunde genommen nie wirklich und mit Genuß ihre aufwendig eingerichteten holzgetäfelten, mit altdeutschen Eichenmöbeln und offenem Kamin ausgestatteten Wohnhäuser und Erker und Balkone, die anscheinend vergeblich ungeheuer viel Geborgenheit und behagliches Daheimsein suggerieren. Ja – man kann kurzfristig ausbrechen in Traumwelten, aber das bleiben Episoden, Illusionen, und schnell hat dich dein Alltag wieder.

Ein solcher Mensch war auch der Mann im Evangelium, und er nahm sich ein Herz und fragte diesen Jesus, der so unbeschwert und locker durch die Gegend zog, ein Adler sozusagen zwischen Hühnern und Gockeln in ihrem kleinen Freilaufgehege. Er fragte diesen Jesus: Was müßte ich tun, um *richtig* zu leben, wirklich lebendig und nicht so lahm; um den Kopf rauszukriegen aus meiner engen Welt?

– Du kennst die Gebote, war die Antwort Jesu.

– Okay, sagte der Mensch, die halte ich ja im großen Ganzen. Das ist nicht mein Problem. Aber das allein bringt's nicht. So richtig Schwung und Lebensfreude krieg' ich damit nicht.

– Dann, sagte Jesus, liegt's an deinem ganzen

Krempel, den du angesammelt und aufgebaut hast, und an deinen bequemen, faulen Gewohnheiten. Du lebst ja bloß für deine kleine selbergemachte Welt: Geldverdienen, Geldverbrauchen, Hausbauen, Haus-Instandhalten, Familie versorgen, Familie pflegen, gesellschaftlich etwas darstellen, Verein und Stammtisch und so weiter, so immer im kleinen Gehege, im Ring herum. Du bist ein Sklave von all dem geworden. Du könntest einen ganzen Teil davon abstoßen oder radikal vereinfachen und dich für irgend etwas Lohnendes weit drüber hinaus einsetzen. Es gibt doch zahllose Felder, wo man Leute mit Phantasie, Idealisten, Begeisterte, hingebungsvolle Menschen brauchen könnte.

– Der Mann hört sich das an, hört in sich hinein und hat das Gefühl: ja, das wär's. Die Sehnsucht danach hab' ich schon. Aber nein – hergeben von dem, was ich mir alles erarbeitet habe, möchte ich nichts; meinen Arbeitsstil ändern oder mich einschränken möchte ich auch nicht – das hätte finanzielle Nachteile und Umstände, und was würden die Leute sagen. Und aus meiner ganzen Bequemlichkeit möchte ich dann doch nicht raus, so sehr sie mich zeitweise anödet und mir kleinkariert vorkommt.

Und der Mann wird sehr traurig. Der, der er ist, grüßt von weitem wehmütig den, der er sein könnte. Um wirklich etwas zu ändern oder etwas Neues, Sinnvolleres, Geistreicheres anzupacken, habe ich nicht den Mumm, sagt er. Oder besser: Ich will ihn nicht haben. So mach ich halt weiter wie bisher.

So geht es den allermeisten Menschen: Lieber leben sie gesichert, aber unglücklich, als ungesichert, aber glücklich.

In seinem Buch „Der wilde Mann" erörtert der amerikanische Franziskaner Richard Rohr auf recht herausfordernde Weise, daß die meisten Männer in unserer Gesellschaft ziemliche Waschlappen sind und bleiben und bloß einen Bruchteil von dem Potential an Lebensenergie und Kreativität einsetzen, das in ihnen steckt. Am besten zitiere ich Ihnen einen Abschnitt:

„In Indien spricht man von den vier Stadien im Leben eines Mannes. Das erste ist das *Schülerstadium,* wo man lernt, Leben von anderen in sich aufnimmt. Das zweite Stadium ist der *Haushalter,* wo man heiratet, Kinder aufzieht, lernt, seine Frau zu lieben und ihr treu zu sein. Für uns hört es in der Regel an diesem Punkt auf. Die meisten von uns verbringen den Rest ihres Lebens damit, daheim zu sitzen und auf Besuche der Kinder zu warten, am Haus rumzubasteln, das Badezimmer zu renovieren, auf die Enkelkinder zu warten, Weihnachtsgeschenke für die Familie zu kaufen. Irgendwann ist das schrecklich öde: eine Welt, die ständig um sich selber kreist und kein Ziel mehr hat. Und den Kindern und Enkeln kann man nur noch Geschenke kaufen, weil man keine neue Welt hat, in die man sie locken könnte.

Das dritte Stadium in Indien heißt der *Sucher* oder der *Waldbewohner.* Nachdem man eine Familie gegründet und Kinder großgezogen hat, erweitert sich das Weltbild nochmals, der Blick richtet sich abermals auf größere Zusammenhänge.

Genau das fehlt uns in der westlichen Welt mit

unserem unglaublichen Narzißmus. Die meisten Menschen bei uns sind unfähig, über den eigenen Gartenzaun hinauszusehen. Deswegen fehlt auch das moralische Unterscheidungsvermögen zwischen Gut und Böse. Gut ist, wenn *ich* einen Job habe und abgesichert bin. *Gute* Politiker sind die, die für Aufschwung und Wirtschaftswachstum sorgen – bei uns! Das ist unser globales Bewußtsein! Wir sind isoliert von der restlichen Welt – uns interessiert nichts als unsere eigene unmittelbare Zukunft.

Dieses hedonistische Denken ist ungeschichtlich und Ausdruck geistlicher Blindheit. Es stellt sich zwangsläufig ein, wenn Männer keine Männer werden, keine Visionäre, keine „Sucher und Waldbewohner", wenn sie unfähig sind, mehr zu sehen als nur das, was für sie selbst und den eigenen winzigen Lebenskreis gut ist. Es geht darum, daß wir sehen lernen, was für alle Menschen gut ist, für das ganze Volk Gottes. Jesus predigt das Reich Gottes: das große Bild, die große Familie. Aber selbst die meisten praktizierenden Christen sind unfähig, dieser großen Vision zu folgen. Diese Blindheit sitzt so tief, daß die meisten nicht einmal merken, daß das problematisch ist. Die Spiritualität, über die wir reden müssen, sagt: Es gibt eine größere Welt als deinen Schrebergarten oder deinen Kirchturm.

Wenn wir diesen Schritt in die größere Welt nicht gemacht haben, dann liegt das zum Großteil an den Männern und den männlichen Führern unserer Gesellschaft, die selbst den Weg ins dritte Stadium des Lebens nie gegangen sind.

Für die Inder ist aber auch das dritte Stadium noch

nicht das Endziel, es ist nur der Beginn eines neuen Weges. Das letzte Ziel besteht darin, ein *alter Weiser* zu werden. In diesem vierten Stadium schließt sich der Kreis, kommt alles zusammen. Man hat Dogmen, Prinzipien und Ideologien hinter sich gelassen. Die Gabe des weisen Alters ist – mit den Worten des Paulus – der Dienst der Versöhnung (2 Kor 5,18). Der Weise kämpft nicht mehr für ein Entweder-Oder. Er ist fähig, beide Seiten einer Sache zu sehen und stehenzulassen. Er lebt in einer Sowohl-als-auch-Welt. Unsere politischen Führer aller Richtungen sind unfähig zu solch einer integrativen Sicht. Die Ideologien werden uns zerstören. Denn jeder steht und fällt für seine Ideologie, die unfehlbar ist – während alle anderen Sichtweisen als böse, falsch oder idiotisch abgeurteilt werden. Weisheit heißt: sowohl als auch. Ich habe nur wenige dieser milden, wirklich abgeklärten Siebzigjährigen getroffen. Der wirklich weise Großvater kann am Rand der Familie sitzen und Sicherheit ausstrahlen – statt Enge und Strenge zu verbreiten. Weil den meisten Vätern solche *Groß-Väter* fehlen, bleiben sie auch jenseits der Lebensmitte Gefangene ihrer Selbstbestätigungs-Spiele und meinen, sie müßten alles selber schaffen und leisten. Dieser Teufelskreis muß durchbrochen werden. Damit müssen wir schon beginnen, wenn wir jung sind oder zur mittleren Generation gehören." *

Nach diesem Vier-Phasen-Lebensprogramm, das Richard Rohr in Indien kennengelernt hat, müßten

---

* R. Rohr, Der wilde Mann, München 1987, 45–47.

wir alle ab der Lebensmitte den Schwerpunkt unserer Aufmerksamkeit vom äußeren Schaffen und Aufbauen verlagern auf die Frage nach dem *Sinn* unseres Daseins, müßten ganz bewußt eine Kultur nicht mehr des *Habens,* sondern des *Seins* entwickeln, eine Kultur nicht des wirtschaftlichen Wachstums, sondern des menschlichen und geistig-geistlichen Wachsens und Reifens. Da gibt es Welten und ungeheure Reichtümer des Geistes, des Denkens, des Wissens, der Literatur, der Kunst, der Musik und zahlloser anderer Bereiche zu entdecken, für die in den Jahrzehnten des äußeren Aufbaus viel zuwenig Zeit und Energie übriggeblieben war. Der indische „Sucher" oder „Waldbewohner" löst sich oft aus seiner Familie (und wird verständnisvoll von ihr entlassen), um einige Jahre als Wandermönch oder als Einsiedler in den Wäldern zu leben und sich selbst und Gott besser kennenzulernen.

Einen solchen drastischen äußeren Schritt wird unsere Kultur und Gesellschaft nur in ganz seltenen Fällen ermöglichen (da ist die hinduistische Tradition grundsätzlich geistlicher angelegt). Aber dem Herzen und der Aufmerksamkeit nach sollte jeder von uns auf seine Weise versuchen, ab der Lebensmitte verstärkt im Maße des ihm Möglichen diese Dimension des Lebens und der Wirklichkeit zu erforschen. Ich kenne einige Menschen, die ihr Leben lang nichts als Arbeit und Materielles gekannt haben. Von einem Tag auf den andern wurden sie durch einen Unfall oder eine unvorhergesehene Krankheit zum Ruhestand und Nichtstun verurteilt und sahen sich plötzlich vor eine entsetzliche Leere gestellt, die

sie in Depressionen und Bitterkeit stürzte und ihnen alle Freude am Leben nahm. Es gibt Ärzte, die
jahrzehntelang nur ihrem Beruf gelebt und dabei
keine Kultur der Muße und des Nicht-Praktizie-
rens entwickelt haben und deshalb gar nicht aufhö-
ren können. Ihr Beruf ist derart ihr Lebensinhalt
und geradezu ihre Identität geworden, daß sie
ohne ihn zusammenfallen wie ein Kartenhaus. Und
erst recht gibt es Priester, die ihr Dasein und
Selbstwertgefühl ganz von ihrem Priester-Sein und
Messe-Halten her nähren und ohne das gar nicht
leben können. Angesichts des Priestermangels mag
es ungeheuer heroisch und selbstlos wirken, wenn
Achtzig-, ja gelegentlich fast Neunzigjährige noch
rastlos ihres Amtes walten – aber dahinter kann
viel Not verborgen sein, viel Angst vor der Leere,
die sich auftun würde, wenn sie nicht mehr „am-
ten" könnten. Allerdings, es gibt unter ihnen weise
alte Menschen, von denen etwas Wohltuendes,
Trostvolles ausstrahlt und die mit ihrer Gelassenheit, ihrem Humor und ihrer Abgeklärtheit ein Geschenk für alle sind, die ihnen begegnen. Doch
gibt es leider auch die Eiferer und starr Geworde-
nen, die vor Jahrzehnten geistig stehengeblieben
sind und nur noch über die schlimmen Zeitläufte
klagen und den Menschen auf ihre heutigen Fragen – sofern sie sie überhaupt noch anhören – lediglich ihre Antworten von gestern zu bieten haben. Wenn derer zu viele werden, steht es
schlimm um Kirche und Menschen.

Doch reden wir von uns, von jedem von uns. Es
ist eine ganz eigene und entscheidende Kunst, im

Laufe der Jahre zunehmend das Machen- und Selbermachen-Wollen zurückzunehmen. Ein Heiliger hat einmal gesagt, wir sollten uns so einsetzen, als hinge im Leben alles von uns ab – und zugleich sollten wir derart vertrauen, als hinge alles von Gott ab. Das ist das ewige Paradox von Leistung und Gnade, in dem wir stehen. In der ersten Lebenshälfte werden wir eher zur Leistung neigen; in der zweiten Lebenshälfte sollte uns immer mehr aufgehen, daß im Grunde alles Wesentliche *Gnade* ist, Geschenk. Jesus Christus hat uns versprochen, daß jeder von uns tatsächlich diese Gnade, dieses Geschenk erhalten wird, wenn er sich nur dafür auftut und sich nicht blind und verkrampft dafür verschließt. Der „Reiche" im Sinne unseres Evangeliums ist der, welcher meint, der Gnade nicht zu bedürfen und der sich deshalb für sie verschließt. Er kann tatsächlich nicht ins Himmelreich kommen, denn die Annahme eines Geschenkes, das ein Geschenk bleiben soll, kann man nicht erzwingen.

Es ist trostlos, wenn alte Menschen alle Zügel fest in der Hand behalten wollen und nicht lernen, zu vertrauen und sich anzuvertrauen. (Ein ganz eigenes Thema wäre, ob unsere Gesellschaft sie dazu ermutigt oder ihnen das schwer macht; aber beschränken wir uns für unseren Zusammenhang auf die Frage, welche innere Haltung wir grundsätzlich entwickeln sollten.) Die Kunst der allerletzten Stunde unseres irdischen Lebens ist schließlich die Kunst des totalen Vertrauens und Sich-Auslieferns. Sie will lange vorher in kleinen Schritten eingeübt werden. Dazu gehört das Loslassen eigener Bestätigungen und Absicherungen, eigener Theorien und Vorstellungen, eigener Wünsche und Pläne.

Es gibt im Psalm 90 die tiefgründige Bitte an Gott: „Unsere Tage zu zählen, lehre uns! Dann gewinnen wir ein weises Herz."

In der Jugend und in den frühen Lebensjahrzehnten zählt man seine Tage nicht. Da scheint ein unerschöpflicher Vorrat an Lebenszeit vor uns zu liegen, mit dem man ziemlich gedankenlos wirtschaften kann. Kinder und Jugendliche wissen oft gar nicht, wie sie die Zeit totschlagen sollen, weil sie zuviel davon haben und sie ihnen zu lang, zu langweilig vorkommt. Aber ab der Lebensmitte tauchen die ersten Anzeichen auf und mehren sich dann zusehends, daß ich ein *endliches* Wesen bin; daß meine Zeit immer kürzer wird, immer schneller rast, daß die Zahl meiner Jahre *begrenzt* ist und daß ich den größeren Teil davon schon verbraucht habe. Da kommt dann die Zeit, wo man anfangen sollte, „seine Tage zu zählen" wie einen kostbaren Rest Kapital, der möglichst sinnvoll verwendet sein will. Verwendet sein will nicht für ein Höchstmaß an Leistungen, sondern, sagt der Psalm, um ein „weises Herz" zu bekommen.

Ein weiser Mensch lernt, sich selber immer weniger wichtig zu nehmen; er lernt, sich *dem* anzuvertrauen, aus dessen Händen er sein Leben erhalten hat und in dessen Hände es zum größten Teil schon zurückgeronnen ist wie der Sand einer Sanduhr. Er kann dem Augenblick, wo sein letztes Lebenskorn hinabrinnen wird, gelassen entgegenschauen, weil er vertraut, daß er dort aufgefangen und in Gottes unvorstellbarer Ewigkeit aufgehoben wird.

Die älteren unter Ihnen werden alle in ihrem Leben die Erfahrung gemacht haben, daß es darin entscheidende Punkte, Weichen, Scheidewege gegeben hat, und an diesen Punkten gelegentlich falsche Entscheidungen, die nicht mehr rückgängig zu machen waren; daß es darin Möglichkeiten gegeben hat, die Sie nicht ergriffen, die Sie verpaßt haben; Menschen, denen Sie nicht gerecht geworden sind, denen Sie weh getan, die Sie enttäuscht haben; daß es in Ihrem Leben Bruchstücke gibt, Versagen, nicht richtig bewältigte und gelebte Dinge, Sünde.

Ein weiser Mensch kann all das ins Auge fassen und sich damit versöhnen und zu sich sagen: Ich weiß, mein Leben ist Bruchstück geblieben, ist Stückwerk. Aber ich weiß auch, daß es unter der Barmherzigkeit Gottes steht, nicht unter dem Gesetz der Leistung, sondern unter dem Gesetz der Gnade, unter Gottes grenzenloser Güte. Er wird dieses mein Leben auffangen und heilen und vollenden und ihm Sinn und Bestand schenken.

Ein weiser Mensch gesteht auch den andern Menschen zu, sich zu täuschen, er versteht es nur zu gut, daß auch sie schwach und halb und unvollkommen sind. Er ist fähig, zu sagen: „So sind wir alle. Du bist wie ich. Ich bin wie du. Wir alle sind auf die Gnade und das Erbarmen Gottes angewiesen."

Ein solcher Mensch ist ein Geschenk für seine Umgebung. Er verbindet, versöhnt, ermutigt, tröstet durch sein bloßes Dasein. Er braucht nichts mehr zu *tun*. Er schenkt unendlich mehr durch sein *Sein*.

Kind und Greis in einem

In jener Stunde kamen die Jünger zu Jesus und fragten: Wer ist im Himmelreich der Größte? Da rief er ein Kind herbei, stellte es in ihre Mitte und sagte: Amen, das sage ich euch: wenn ihr nicht umkehrt und wie die Kinder werdet, könnt ihr nicht in das Himmelreich kommen. Wer so klein sein kann wie dieses Kind, der ist im Himmelreich der Größte. Und wer ein solches Kind um meinetwillen aufnimmt, der nimmt mich auf. Matthäusevangelium 18, 1–5

Wer mit Kindern zusammenlebt – in der Familie, im Kindergarten, in der Schule, in Jugendgruppen –, dem werden ziemlich schnell jene allzu romantischen, blauäugigen Vorstellungen von den „unschuldigen Kindern" und den ach so lieben Kleinen ausgetrieben, zu denen wir neigen, solange wir in sicherer Distanz von ihnen bleiben oder solange Kinder nur erträglich kurzfristig in unserem Alltag auftauchen. – Können *Kinder* tatsächlich Vorbilder für unser Leben als Erwachsene sein?

Nun haben Kinder gewiß Züge, die uns Erwachsenen allzuoft abgehen und um die wir sie beneiden können: ihre Spontaneität, ihre Sorglosigkeit im Hinblick auf die Zukunft, ihre Fähigkeit, sich zu freuen und zu spielen und vieles andere. Aber im Laufe unserer Betrachtungen über die „Stufen des Glaubensbewußtseins" ist uns deutlich geworden, daß das Kindsein von Natur aus noch gewaltige Mängel aufweist. Ich will jetzt nur an den Umstand erinnern, daß Kinder noch aus einer ganz ich-bezogenen Grundhaltung leben und reagieren und noch nicht fähig sind, sich in andere nachhaltig einzufühlen, geschweige sich selbst und das Leben vom andern und von Gott her zu sehen und zu entwerfen. Bei Kindern ist das entwicklungsbedingt und kein moralischer Defekt. Jedenfalls läßt sich bei allen zunächst einmal beneidenswert positiven Qualitäten des Kind-Seins ein „Ja, aber ..." anfügen, denn alle diese sympathischen Eigenschaften – Spontaneität, Sorglosigkeit, Sich-freuen-Können usw. – sind bedingt durch Abblendungen und Ausklammern von Realitäten, die uns Erwachsene in Pflicht und Verantwortung nehmen und die wir eben nicht mehr abblenden und ausklammern können, ohne weltfremd und verantwortungslos zu werden. Aber viele Menschen bleiben in diesem kindhaften Egoismus ihrer Lebtag mehr oder weniger stecken. Jesus hat mit seiner Aufforderung, wir sollten wie die Kinder werden, gewiß nicht gemeint, wir sollten uns unsere Kinder rundweg als Vorbilder nehmen und große Kinder bleiben oder wieder werden.

Vorsicht also vor allzu naiven, unbedachten Glorifizierungen des Kindseins in Glauben und Kirche! Ich sehe mich in diesem Verständnis bestätigt durch den heiligen Paulus, der ausdrücklich gesagt hat: „Seid doch nicht Kinder an Einsicht ..., seid Unmündige an Bosheit, an Einsicht aber seid reife Menschen!" (Röm 14,20), und: „Wir sollen nicht mehr unmündige Kinder sein, ein Spiel der Wellen, hin und her getrieben von jedem Widerstreit der Meinungen, dem Betrug der Menschen ausgeliefert, der Verschlagenheit, die in die Irre führt. Wir wollen uns, von der Liebe geleitet, an die Wahrheit halten und in allem wachsen, bis wir ihn erreicht haben. Er, Christus, ist das Haupt" (Eph 4,14–15). Paulus hat uns mit dem letzten Satz gleich von der Frage, ob nun Kinder unsere Vorbilder sein können oder nicht, übergeleitet zur Lösung: Er, Christus, ist das Haupt, das Ziel, der Maßstab, und folglich auch unser Vorbild.

Christus allerdings ist als *Kind* auf die Welt gekommen. Es ist merkwürdig und in jeder Christnacht zu erleben, welche Faszination, welches Ausmaß an Gefühlen die Geschichte von diesem Christ*kind* immer noch auslöst, selbst in unserer ziemlich entchristlichten Welt. Das Christkind rührt wenigstens kurz immer noch die Gefühle Unzähliger, die eigentlich fast nur noch (und deshalb) an Weihnachten in die Kirche gehen – so wie ein Neugeborenes immer wieder merkwürdige Gefühle weckt, die weit über den instinktiven Pflegetrieb hinausgehen.

Dieses Kind ist ein „Archetypus" – also ein Urbild, ein Urzustand, das Zeichen einer Lebensqualität, an der wir alle teilhaben oder -hatten, die aber nie jemand in Reinkultur gelebt und erlebt hat, sondern zu der wir alle erst unterwegs sind. Jedes Kind hält uns eine unsterbliche Möglichkeit unserer selbst vor Augen, die wir nicht hinter uns haben, sondern die noch vor uns liegt.

Deshalb verstehe ich die Aufforderung Jesu, daß wir *Kinder* werden sollten, so: wir sollen, dürfen etwas werden, was noch keiner von uns war und wofür alle wirklichen, biologischen Kinder Symbole, Zeichen sind.

Es läßt sich nicht präzise greifen und formulieren, was das ist. Man muß es angesichts eines Kindes spüren, ahnen, mit dem inneren Fühlen ertasten. In jedem von uns gibt es ein ewiges Kind, ein unschuldiges, unbelastetes Wesen, das ganz offen ist für das Leben. Aber das hat noch nie voll zum Vorschein kommen und sich entfalten können. Jeder von uns sehnt sich im tiefsten danach, und Kinder können es in uns wecken und rufen.

Ich meine, am ehesten rühren daran Liebende, die sich in unendlichem Vertrauen aneinander kuscheln und beieinander wärmen können; die einander nichts mehr leisten und nichts mehr beweisen müssen, sondern die einfach beieinander ausruhen und miteinander schlafen dürfen; die kein böses oder trauriges Erwachen zu fürchten brauchen, weil ihr Mit- und Ineinanderruhen durch ihr alltägliches Miteinander tief begründet ist und also keine Flucht und Illusion darstellt.

Aber wie viele Menschen gelangen zu solcher Erfahrung? Wie viele Menschen erfahren in menschlicher Vermittlung die ur-religiöse Botschaft und Wahrheit, daß sie bedingungslos geliebt und angenommen sind und sich deshalb nicht mehr von der Sorge und Frage quälen lassen müssen, wie sie einen gnädigen Gott finden können, einen gnädigen Vater, einen gnädigen Menschen, ein gnädiges Leben, ja ein gnädiges, mit sich selbst versöhntes Ich? „Unschuldiges Kind" ist keiner von uns. Aber ganz die Verzeihung und das Angenommenwerden erfahren, ganz von Schuld freigesprochen und zu neuem Anfang ermutigt werden bedeutet die Gnade des Kindsein-Dürfens erfahren. Diese Gnade hat Jesus Christus in die Welt gebracht und ausgeteilt.

Auf unzähligen Darstellungen der Anbetung des Christkindes durch die drei Weisen aus dem Morgenland kommt in tiefer Symbolik zum Ausdruck, daß sein Kindsein das Ziel und die Vollendung aller Lebensalter ist. Allen eröffnet es die Möglichkeit, erlöste Kinder zu werden. Denn nach einer alten ikonographischen Tradition werden die drei Weisen oder Könige meistens als Männer der verschiedenen Lebensstufen dargestellt: der eine ist ein Jüngling, der andere ein Mann in der Lebensmitte, der dritte ein Greis. Jüngling, Mann und Greis waren lange unterwegs zum Kind und legen vor dem Kind ihre Kronen – den Inbegriff ihrer Vitalität und Kompetenz – nieder, um zu sagen: Du bist mehr als wir; du bist unser Ideal; nur in dir finden wir die Krönung und Fülle unseres Lebens.

Frühe Darstellungen, namentlich in der Buchmalerei der Romanik, helfen uns noch einen Schritt weiter bei unserer Betrachtung über dieses merkwürdige Kind, das uns im Christkind vor Augen steht und das uns Christus als Ideal aufsteckt. In diesen Bildern ist das Kind nicht als Kleinkind dargestellt, sondern als zwar kindgroßer, aber in Proportionen und Gesicht reifer Mann. Das Ur-Bild „Kind" ist also hier mit dem Ur-Bild „Greis" verschmolzen.

Auch der Greis, der lebenssatte, erfahrene, abgeklärte Mensch ist ein „Archetyp", ein Ur-Bild und Ideal, zu dem wir alle unterwegs sind. Allerdings müßte ich über den alten Mann, den Greis, wie er in der Wirklichkeit vorkommt, die entsprechenden Vorbehalte und Einschränkungen formulieren, die ich über das Kind geäußert habe. Denn auch der „alte Mann", der „Greis" ist eine Lebensqualität, die alle faktischen alten Menschen nur bruchstückhaft verwirklichen. In vieler Hinsicht ist das Altsein alles andere als ein Idealzustand. Das werden mir alle Älteren unter Ihnen mühelos bestätigen können. Und der heilige Paulus, der gesagt hat, wir sollten keine unmündigen Kinder bleiben, sagt genauso eindeutig, wir sollten keine „alten Menschen" bleiben: „Legt den alten Menschen ab, der in Verblendung und Begierde zugrunde geht!" (Eph 4,22), und: „Belügt einander nicht; denn ihr habt den alten Menschen mit seinen Taten abgelegt" (Kol 3,9). Im „alten Menschen" sieht er also die negativen Möglichkeiten der „Lüge": des falschen Scheins, des sich selber und anderen etwas Vormachens; der „Verblendung": der Erstarrung und des eigensinnigen Verfahrenseins in lebensfeindlichen Vorstellungen; und der „Begierde": des krampfhaften Festhaltens an Nichtigkeiten. Ich vergesse nie den Besuch bei einem sterbenskranken Menschen, der schon stark in seinem Wahrnehmen, Erinnern und Denken beeinträchtigt war, aber plötzlich glasklare und präzise Äußerungen von sich gab, als es um sein Geld ging. Mir kam vor: nur noch diese „Begierde" war in voller Vitalität da, und mich schauderte geradezu.

In unserem Vorbild, im göttlichen Kind-Greis sind die Frische und Offenheit des Kindes mit der Erfahrung und Weisheit des Greises vereint. Das ist ausdrücklich formuliert in der Prophetie des Jesaja:

„Uns ist ein Kind geboren, ein Sohn ist uns geschenkt. Die Herrschaft liegt auf seiner Schulter; man nennt ihn: Wunderbarer Ratgeber, Starker Gott, Vater in Ewigkeit, Fürst des Friedens." Jesus war in einmaliger Frische Kind und zugleich in einmaliger Reife Mann und Vater. „Ich und der Vater sind eins" (Joh 10,30), sagt der Sohn von sich selbst, und: „Glaubt mir doch, daß ich im Vater bin und daß der Vater in mir ist!" (Joh 14,11).

Das ist auch uns als Ideal und Verheißung aufgesteckt: daß wir das Kostbarste am Kindsein und das Kostbarste am Altsein in uns vereinen, also unerschöpflich jung und zugleich wunderbar lebens- und geisteserfahren sind. Nur beides zusammen ergibt den reifen Menschen, als den uns Gott schon bei unserer Erschaffung gedacht hatte. Von ihm spricht Paulus zu den Galatern, wenn er sagt: „Ihr seid meine Kinder, für die ich von neuem Geburtswehen erleide, bis Christus in euch Gestalt annimmt" (Gal 4,19). Es würde zu lange dauern, Ihnen fast das ganze 4. Kapitel des Galaterbriefs vorzulesen, in dem Paulus Grundzüge dieses neuen Menschen schildert, der Kind und Greis zugleich ist: die Mündigkeit; das Selbstbewußtsein, Sohn bzw. Tochter Gottes zu sein; die Freiheit vom engen, ängstlichen Gesetzesdenken; die Begeisterung.

Indes möchte ich zum Schluß einige Charakterzüge des neuen, ins Vollalter Christi hineingewachsenen Menschen hervorheben, die den Kreis schließen, an dem wir unsere Betrachtungen über die „Stufen des Glaubensbewußtseins" begonnen hatten.

Der reife, aus der Fülle des Glaubensbewußtseins lebende Mensch ist ein Mensch der *Weite.*

Wer nur Kind bleibt, der verharrt im engen Umkreis der nächsten Umgebung seines Ich.

Wer nur Greis wird, dessen Horizont wird immer kleiner, und sein geistiger Radius schrumpft genauso, wie seine körperliche Bewegungsfähigkeit immer mehr eingeschränkt wird.

Wer Kind und Greis zugleich wird, der bewegt sich in immer größere Weiten hinein.

Das Gegenteil von „Weite" ist „Enge". In unserer deutschen Sprache stammt „Enge" aus derselben Wurzel wie „Angst". Das ist kein Zufall: tatsächlich ist es im tiefsten immer die *Angst,* die *eng* macht: die Angst, etwas falsch zu machen, die Angst, sein Lebensglück zu verfehlen, die Angst vor Bedrohlichem, die Angst vor Strafe. „Angst gibt es in der Liebe nicht, sondern die vollkommene Liebe vertreibt die Angst. Denn die Angst rechnet mit Strafe, und wer Angst hat, dessen Liebe ist nicht vollendet", wird uns im 1. Johannesbrief erklärt (4,18).

Der katholische französische Dichter Georges Bernanos, der ein Leben lang unterwegs zur eigenen Kindheit war, wurde in der Sterbestunde gefragt, was er empfinde. „Eine ungeheure Neugier, was jetzt kommt", war seine Antwort. Mir scheint, sie zeigt, daß dieser Greis im richtigen Sinn zum Kind geworden war – das gerade Gegenteil des armen Greises, der auf dem Sterbebett nur noch auf sein Geld zurückschauen konnte.

Die Weite, in die wir aufsteigen wollen, ist also das ewig Neue, das ewig Zukünftige, das ewige Leben, kurz: die ewige Liebe. „Sobald man im Glauben Fortschritte macht, weitet sich das Herz, und man eilt den Weg der Gebote Gottes in unsagbarer Freude der Liebe", verspricht der heilige Benedikt im Vorwort seiner Regel.

Liebe hat mit *Verbundenheit* zu tun: mit wem ich mich verbunden, mit wem ich mich eins weiß, vor dem habe ich keine Angst. Aus dieser Erfahrung heraus konnte der heilige Franziskus Gott sogar danken für seinen „Bruder, den leiblichen Tod".

Auf dem Gipfel des Glaubens, der zugleich der Gipfel der Liebe ist, spürt der Mensch: ich bin in Gott, Gott ist in mir, und alles, was existiert, ist in mir und ich bin darin. Die Legenden, die erzählen, daß heilige Eremiten (also „Kind-Greise") in brüderlich-schwesterlicher Eintracht mit den wilden Tieren gelebt haben, bringen das ins Bild: daß dann der Mensch nicht mehr als bedrohlicher, lebensgefährlicher Feind der Schöpfung lebt, sondern als Freund und Mit-Geschöpf, als Mit-Leidender und Mit-Feiernder des Lebens.

Kannte das Kleinkind im Mutterschoß noch keinen Unterschied zwischen sich und der Mutter und der Welt, weil es noch ganz eins damit war, so findet der Mensch auf dem Gipfel von Glauben und Liebe dieses Einssein wieder – aber jetzt in Helle, Freiheit und Reife eines bewußten Lebens und Erfahrens.

Liebe hat auch mit *Ganzheit* zu tun: der Mensch auf dem Gipfel vermag Gott, die Welt und sein Leben als Ganzheit zu sehen, vom tiefsten Sinn, von der Mitte her. Dagegen sieht sich der Anfänger im Glauben vielen einzelnen Aussagen und Gedanken gegenüber, die sich ihm wie die Einzelteile eines zerlegten Organismus oder Apparats darbieten. Er tut sich schwer, sie zu etwas Ganzem zusammenzufügen. Tatsächlich ist das im Grunde genommen ein unmögliches Unterfangen: sowenig wie sich aus einer Sammlung einzelner Organe jemals ein lebendiges Wesen zusammensetzen läßt, kann man aus den vielen Dogmen und Katechismuswahrheiten jemals einen lebendigen Glauben konstruieren, und alles Streiten um die genaue Definition und Anordnung der Einzelteile bleibt ein totes Unterfangen. Wer dagegen den Geist, das Leben erfaßt hat, dem ordnen sich alle Einzelteile zum Gesamtbild. Es ist, wie wenn man versucht hätte, aus Eisenfeilspänen ein Muster zu legen: sie werden immer eine zusammenhanglose Ansammlung bleiben. Kommt aber ein Magnet hinzu, fügen sie sich in seinem Feld unversehens zum großen, sinnvollen Muster. So fügen sich auch die Glaubenswahrheiten im Erkennen dessen, der vom Sinn her zu schauen vermag, zum Gesamtbild. Kein Einzelteil wird verabsolutiert (wie es allzuoft beim unerleuchteten Streiten über Glaubenswahrheiten geschieht), sondern alles fügt sich in heiterer Leichtigkeit, Freiheit und Poesie und erweist sich gerade dadurch als das Allerverbindlichste und -verläßlichste.

Doch sind wir jetzt an einen Punkt gelangt, an dem man nicht mehr viel sagen sollte. Wenn, dann sollte man versuchen, es in der Sprache der Poesie und Musik zu tun. Doch „ein solches Lied kann nur der Geist der Liebe lehren", hat Bernhard von Clairvaux in seiner ersten Hoheliedpredigt gesagt. „Es läßt sich nur in der Erfahrung lernen. Wer es erfahren hat, erkennt es wieder, und wer noch nicht, soll glühen in der Sehnsucht, nicht: mehr von ihm zu wissen, sondern: an der Erfahrung teilzuhaben. Dies Lied klingt nicht im Ohr: es jubelt auf im Herzen. Es tönt nicht von den Lippen, sondern erregt in tiefer Freude."

Literaturnachweis

Die hauptsächlich für diese Predigtreihe verwendete Literatur:

1. James W. Fowler, Glaubensentwicklung. Perspektiven für Seelsorge und kirchliche Bildungsarbeit (Kaiser-Taschenbücher 52),
   (Chr. Kaiser, München 1989) 176 Seiten.
2. Karl Ernst Nipkow, Erwachsenwerden ohne Gott? Gotteserfah-
   rung im Lebenslauf (Kaiser-Taschenbücher 6) (Chr. Kaiser, München 2. Aufl. 1988) 115 Seiten.
3. Friedrich Schweitzer, Lebensgeschichte und Religion. Religiöse
   Entwicklung und Erziehung im Kindes- und Jugendalter
   (Chr. Kaiser, München 1987) 264 Seiten.
4. Drüge u.a., Nachdenken über Gott (Gütersloh 1983) – vergriffen.
5. Heidi und Jörg Zink, Kriegt ein Hund im Himmel Flügel? Religiöse Fragen bei der Erziehung in den ersten sechs Lebensjahren
   (Burckhardthaus-Laetare, Offenbach./M. 1. Aufl. 1972, 15. Aufl.
   1986) 160 Seiten.
6. Regine Schindler, Mit Kindern von Gott reden, in: E. Dieterich–
   G. Schenk (Hrsg.), Arbeitsfeld Kinderkirche (Verlag Junge Gemeinde, Stuttgart 1979).

*Weitere inzwischen erschienene Literatur zum Thema, die ich nicht mehr ver-
wenden konnte:*

7. Anton A. Bucher, Gleichnisse verstehen lernen. Praktische Theo-
   logie im Dialog Band 5. (Universitätsverlag, Freiburg [Schweiz]
   1990).
8. Wolfgang C. Esser, Gott reift in uns. Lebensphasen und religiöse
   Entwicklung (Kösel, München 1991).
9. James W. Fowler, Stufen des Glaubens – Die Psychologie der
   menschlichen Entwicklung und die Suche nach Sinn (Gütersloh-
   her Verlagshaus Gerd Mohn 1991).
10. Lothar Kuld, Lerntheorie des Glaubens. Religiöses Lehren und
    Lernen nach J. H. Newmans Phänomenologie des Glaubensak-
    tes. Internationale Cardinal-Newman-Studien XIII. Folge regio
    (Verlag Glock & Lutz, Sigmaringendorf 1989).
11. Henri J. M. Nouwen, Nähe. Sehnsucht nach lebendiger Bezie-
    hung (Verlag Herder, Freiburg i. Br. 1992; darin das 1. und 3. Ka-
    pitel).